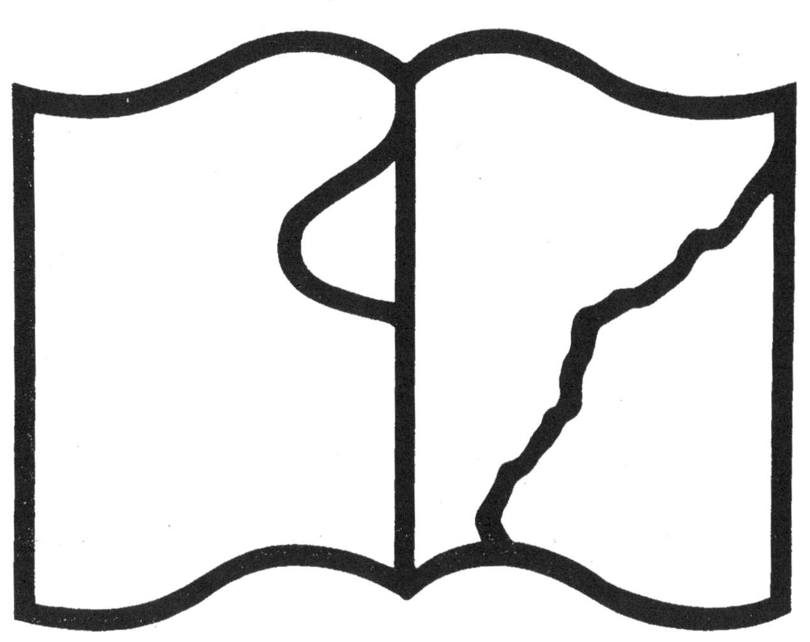

A
B

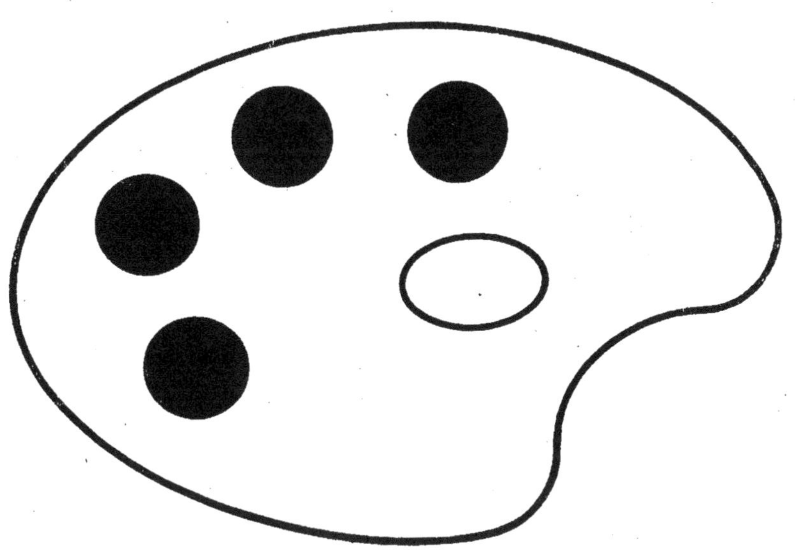

Original en couleur
NF Z 43-120-8

PAUL DIFFLOTH
La Beauté
s'en va...
COMBET & Cie - Editeurs
5, Rue PALATINE . PARIS
P. Diffloth

la Beauté s'en va..

TYPOGRAPHIE FIRMIN-DIDOT ET Cie. — MESNIL (EURE).

PAUL DIFFLOTH

la Beauté s'en va..

DES MÉTHODES PROPRES A LA RÉNOVATION de la BEAUTÉ FÉMININE

Nombreuses Illustrations de l'Auteur

PARIS
ANCIENNE LIBRAIRIE FURNE
COMBET & Cie, Éditeurs
5, RUE PALATINE (VIe)

La Beauté s'en va...

I

DES ORIGINES DE LA BEAUTÉ FÉMININE

Le type naturel, et par conséquent la beauté qu'on pourrait définir son « expression intensive », est évidemment la résultante du milieu.

L'altitude, la constitution minéralogique du sol, l'éclairement, les conditions d'existence exercèrent une action manifeste sur les proportions et l'harmonie des lignes du corps, du visage et sur la coloration des chairs, des cheveux.

Ainsi se constituèrent, à l'origine, des types définis, résultant de l'influence de conditions climatologiques, géologiques, topographiques diverses sur les représentants de la race humaine, partie du plateau de Pamir pour s'irradier sur toutes les régions du globe terrestre.

Sous cette action constante et uniforme l'homogénéité du type primitif disparut rapidement pour faire place à des caractères différentiels nettement accusés, masquant complètement la communauté d'origine.

La beauté majestueuse et sévère des filles de la douce Italie diffère totalement de la grâce vive et passionnée des

FIG. 1-2. — TYPE ESPAGNOL. *d'après Sargent.* TYPE ANGLAIS. *d'après Lawrence.*

Espagnoles, du charme langoureux et voilé des Roumaines, bien que ces nations fassent également partie du groupe latin de la famille étrusque.

En réalité, l'action du milieu se révèle avec une puissance et une fixité remarquables jusque dans ses moindres détails. La brûlante Espagne est la patrie des types sveltes et musclés, aux chairs sèches et ambrées; son climat particulier influence jusqu'aux productions pileuses, fines et frisées, comme le montrent excellemment la *laine* du *mérinos*, la *crinière* des *genêts d'Andalousie* et les *cheveux* des *Sévillanes*.

Le climat de la région danubienne prédispose au développement musculaire moyen, aux pigmentations atténuées : sous son influence les phanères tendent à présenter des ondulations caractéristiques perceptibles sur le *plumage* de *l'oie du Danube*, les *soies* du *porc Mangalicza* ou les *cheveux* des *Viennoises*.

Vers les régions septentrionales, la souplesse des pro-

FIG. 3-4. — TYPE GREC. *d'après Gérome.* TYPE ITALIEN. *Cadres originaux de P. Diffloth.*

ductions pileuses s'atténue; des réserves de graisse, indispensables sous ces durs climats, alourdissent le facies général, les couleurs pâlissent, comme l'attestent à l'envi les types actuels des Suédoises, des Russes et les livrées des animaux polaires.

*
* *

En thèse générale, les climats méridionaux déterminent la formation de muscles denses faiblement infiltrés de tissu adipeux; la plaine et la steppe poussent à l'élongation, la montagne au type ramassé, trapu.

Le régime brumeux du littoral maritime favorise la pigmentation par plaques ; les races bovines hollandaise, danoise, normande, bretonne ont toutes des robes pies ; le teint des Anglaises, des Flamandes est souvent marqué de tâches de rousseur.

FIG. 5. — TYPE FLAMAND.
d'après Jordaëns.

Les régions sud-européennes présentent des types de beauté féminine au teint bistré, à la chevelure sombre; « les quatre femmes qui, autour de la Méditerranée, se donnent la main pour une ronde mélancolique et charmante : Carmen, Mireille, Graziella et Fatma », laissent se dérouler sur leurs nuques pareillement bronzées les boucles de leurs cheveux également noirs.

*
* *

Si cette sélection naturelle avait pu, sans perturbation étrangère, exercer son action constante et uniforme, chaque pays, géographiquement délimité, eût présenté comme type de beauté un facies déterminé et caractéristique. Parmi ces populations homogènes, l'homme avait d'ailleurs parfait cette sélection par le libre jeu de l'amour et des recherches sexuelles en accordant ses hommages aux types féminins présentant les caractères de race les plus accentués.

Ainsi se seraient exagérés et fixés définitivement les traits dominants de la beauté féminine sous ses diverses manifestations.

*
* *

C'est de cette adaptation complète du type féminin aux

conditions mêmes du milieu que les paysages antiques tirent toute leur poétique beauté. Les peuples qui ont su garder précieusement leurs caractères ethniques, prennent toute leur valeur artistique parmi le décor original de leur pays; la grâce provocante des Espagnoles au teint bistré, dont la sombre chevelure s'avive d'une touffe d'œillets rouges, ne révèle tout son charme que sur cette terre d'Espagne d'ocre, de soleil et de sang; Hélène ne sera jamais plus belle que sur les rives d'Argos...

* * *

Les hommes, s'ingéniant à donner des choses les plus naturelles les explications les plus complexes, les hommes ont « découvert » et étudié sous le nom de *mimétisme* cette identification complète entre le milieu de l'être vivant, mais en arrêtant leurs recherches au seuil de l'humanité.

Pour les animaux, cette identification semble évidente au point de vue de la couleur; les quadrupèdes des régions désertiques possèdent un pelage gris ou isabelle, rappelant les ternes colorations de leur morne horizon; les animaux polaires ont une livrée blanche; les oiseaux de Java se parent des plus étincelantes couleurs rivalisant avec les riches tonalités de la flore de cette île enchanteresse.

FIG. 6. — TYPE RUSSE.
Communiqué par M. N. Peyrat.

* * *

Or le mimétisme ainsi établi nous semble un cas particulier d'une vérité beaucoup plus vaste. Aux temps lointains où les lois naturelles réglaient seules la destinée du monde, tout être organisé — y compris cet animal supérieur qu'on appelle l'homme, — était en harmonie complète avec le milieu où il vivait et cette concordance était non le fait du hasard ou d'une volonté arbitraire, mais résultait de l'action évidente des causes mésologiques nombreuses sur un organisme toujours malléable.

Cette identification résidait non seulement dans la couleur, mais dans la forme, la structure, l'architecture générale, ce qui élargit singulièrement l'importance et le rôle du mimétisme.

Est-ce par pur hasard que les serpents rappellent les lianes sinueuses et souples des arbres des forêts équatoriales? Conçoit-on les oiseaux, ces fleurs ailées, autrement qu'en léger équilibre sur deux pattes minces et fines, ou le crapaud, ce commensal des coins ombreux, avec une peau de nuance vive, quatre pattes agiles et une queue dressée? Non, si le serpent rappelle la liane, l'oiseau la fleur, le crapaud la pierre brute, c'est que la loi d'harmonie et de beauté qui présida aux manifestations vitales exigeait cette entière adéquation.

Pourquoi cette identification de l'être et du milieu n'atteindrait-elle pas jusqu'aux limites supérieures du règne animal pour comprendre l'humanité dans son aire d'action ; toute loi naturelle est générale et le « mimétisme humain » existe incontestablement.

C'est ainsi que se réalisèrent entre les trois règnes de la nature cette concordance parfaite que les hommes se sont complu à détruire.

FIG. 7. — TYPES FLAMANDS
(D'APRÈS RUBENS). DÉBARQUEMENT DE MARIE DE MÉDICIS (FRAGMENT).

L'opulence des chairs, l'épanouissement des formes ne sont pas ici le fait de l'imagination de l'artiste; on a retrouvé, en effet, le nom des modèles qui posèrent les trois Néréides : les dames Capaïo et leur nièce Louisa, habitant rue de Verlbois, à Anvers. Rubens a donc décrit dans toute leur exactitude les types ethniques que créèrent les influences du milieu flamand.

La beauté plantureuse de la Flamande est parfaitement à sa place, au milieu de cette nature exubérante aux gras pâturages, aux récoltes fructueuses transportées par les lourds chevaux lymphatiques aux croupes puissantes; le bleu gris de ses yeux, la couleur pâle de sa chair, le teint délicat de ses cheveux sont en harmonie intime avec cette douce et triste Flandre où tout est terne et neutre, le ciel, la mer et les reflets de ses canaux (fig. 7).

Il est impossible de nier cette adaptation parfaite de

l'être et du milieu réalisée non pas uniquement dans la couleur comme l'établissent les préceptes scientifiques, mais dans les quatre facteurs de l'esthétique générale, la ligne, la surface, le volume et la couleur.

*
* *

On s'accorde généralement à reconnaître dans le mimétisme une loi de salut tendant à sauvegarder l'existence de l'individu en lui permettant de se dissimuler, grâce à cette identification complète entre sa coloration propre et le milieu, aux regards de son ennemi.

Si le tigre est de pelage rayé, c'est pour mieux se cacher parmi les hautes tiges; les ocelles de la robe du jaguar lui facilitent sa dissimulation parmi les branches d'arbres tachetées par l'ombre des feuilles; la souris est couleur de muraille; le plumage de la chouette s'identifie parfaitement par ses bringeures aux troncs des arbres où elle vit.

Cette conception générale est digne de l'esprit humain, perpétuellement hanté par une idée fixe de destruction et de carnage qui le détermine à baser la loi d'évolution des êtres sur une nécessité de meurtre, une obligation de massacre, de « lutte pour l'existence ».

Il est plus noble et plus véridique de reconnaître dans cette identification complète entre l'être, la plante et le milieu, généralisée dans la couleur et la forme, une loi divine de beauté et d'harmonie qui, aux ères lointaines de la création, présida à la formation du monde... Loi sublime qui dut faire des premiers âges de l'humanité un Eden radieux, et des paysages antiques un lieu de suprême beauté, conceptions sur lesquelles toutes les religions ont d'ailleurs établi leurs bases fondamentales.

II

DE L'INFLUENCE DES GUERRES

Le Rapt. — Le Viol.

Cette heureuse harmonie devait voir son ordonnance détruite par l'action néfaste des luttes fratricides.

Dès le début de l'Humanité, les guerres meurtrières troublent cette majestueuse et parfaite adaptation de l'esthétique humaine aux conditions mêmes du milieu. Sous le vain prétexte de conquêtes, les hordes guerrières envahissent violemment les paisibles campagnes, les bourgs pacifiques. Séduits par la nouveauté du type féminin entrevu, les conquérants détruisirent par de rapides et coupables unions cette homogénéité superbe, et ce furent le rapt et le viol.

*
* *

L'établissement des otages, il faut le reconnaître, n'exerça qu'une faible influence sur le mélange et la confusion des types ethniques des races européennes.

Le nouveau principe de beauté féminine introduit par les belles captives traînées aux chars des vainqueurs fut rapidement absorbé dans la multitude des conceptions dues à un type mâle unique et constant.

*
* *

Pour que cette action fût sensible, il eût fallu l'établissement dans les mœurs européennes du régime de la polygamie qui aide à la diffusion rapide des nouveaux principes ethniques ou la coutume généralisée du harem...

Les peuples asiatiques, disciples de Bouddha, de Confucius ou de Mahomet, durent à ces institutions un trouble profond dans le développement de leurs caractères ethniques.

La traite des esclaves, l'établissement des harems ont puissamment contribué à mêler aux races persanes le noble sang des belles Circassiennes, et des fusions complexes où se retrouvent la trace de croisements tartares, mongols, nègres, abyssins..., ont pour la même raison abâtardi le type turc de certaines peuplades d'Asie (fig. 8).

Dans les plaines du Turkestan habitent deux tribus aux mœurs opposées; les Tekkes, nomades et pillards, virent le pur facies de leur race modifié par les métissages réalisés avec les captives iraniennes, géorgiennes ou circassiennes ramenées des expéditions lointaines; les tribus de l'intérieur, de mœurs sédentaires et pastorales, ont pu se préserver de ces alliances et maintenir intégralement le type turcoman.

En Europe, où la situation de la femme fut toujours supérieure et où la polygamie n'atteignit jamais l'autorité d'une institution, de tels phénomènes perturbateurs ne purent se constater qu'accidentellement.

*
* *

Le viol menaçait d'exercer une action plus sensible, chacune de ces brèves alliances apportant un élément perturbateur dans l'harmonie générale par suite de l'égalité des puissances héréditaires en présence.

FIG. 8. — DANSEUSES PERSANES. CROISEMENTS DIVERS.

Cette photographie atteste l'influence des croisements dans la confusion des caractères ethniques. La figure de gauche, au premier plan, représente le type persan pur avec l'ovale du visage arrondi, les lèvres épaisses mais bien dessinées, le nez et les yeux caractéristiques; la femme de gauche, au premier plan, révèle par l'ovale aminci du visage, le modèle des lèvres, la forme du nez, etc..., l'influence du sang géorgien ou circassien. Les danseuses du second plan réalisent, à des degrés divers, des métis de sangs blanc et noir.

Cette influence s'exagérait encore en vertu du jeu du principe biologique, connu sous le nom de *télégonie*, *mésalliance initiale*, *hérédité par influence*, *infection de la mère*, etc...

On désigne ainsi l'influence d'une première fécondation sur les gestations ultérieures ; une femme donnerait donc, dans ses accouchements successifs, des produits rappelant les caractères du premier reproducteur avec lequel elle a conçu, bien que ces sujets soient issus d'autres pères.

Ces phénomènes donnent une certaine importance aux perturbations produites par le viol sur l'esthétique des races ; les guerriers farouches n'étaient pas aveuglés par le meurtre et le carnage au point de préférer aux jeunes vierges tremblantes les matrones âgées et mafflues. De cette manière se trouvait orientée nettement et *définitivement* vers un type nouveau la descendance entière des femmes brutalement conquises.

*
* *

Cependant l'influence perturbatrice du rapt et du viol ne put s'exercer, dès les premiers âges de l'humanité, que d'une façon intermittente et discontinue.

Les métis conçus contractaient, durant les périodes de paix, des unions avec des représentants du type pur; ainsi se trouvaient masqués ou détruits les caractères différentiels observés sur un nombre réduit de générations nées immédiatement après la période des troubles.

*
* *

En résumé, l'action perturbatrice des guerres européennes au point de vue de l'esthétique des types fut à peu près négligeable ; ce principe explique le maintien des caractères spécifiques des races encore perceptibles au seuil des temps modernes.

*
* *

Si cette influence avait marqué clairement son empreinte, on aurait pu constater, en Europe, la prédominance du type blond et septentrional, sur le type brun et méridional.

Durant le cours des civilisations successives, les peuples du Nord, séduits par la beauté des climats méridionaux ou gênés dans leur expansion par la mer et la montagne, enserrant étroitement leurs pays originels, envahirent à plusieurs reprises les régions sud-européennes sans troubler cependant l'harmonieux développement des races brunes.

III

DE LA CONQUÊTE PACIFIQUE

Le rapt et le viol ne représentent que la forme brutale et primitive des guerres; l'âme peu affinée des hommes ressentait cependant assez nettement l'amour du pays natal, pour revenir, après chaque campagne, se reposer des dures fatigues auprès du foyer familial, sans que des idées de négoce, des désirs de jouissance sous des climats privilégiés disposassent les belligérants à séjourner en pays conquis.

Plus tard, lorsque la guerre ne servit de prétexte qu'à la cupidité humaine, l' « occupation militaire » fut le corollaire indispensable de toute conquête brutale.

« Où le légionnaire avait planté sa pique, le colon venait le lendemain pousser sa charrue » (A. France)[1].

Le vainqueur s'établissait sur le sol soumis, et ses agriculteurs, ses magistrats, ses mercantis, bientôt attirés par quelque appât pécuniaire ou quelque titre honorifique, se fixaient dans les cités conquises pour contracter, au bout d'un temps variable, selon la survivance des haines, des unions légitimes avec les beautés indigènes.

Toute domination militaire était ainsi complétée par une occupation civile, agricole, commerciale qui lentement travaillait au croisement des deux types en présence.

1. A. France. *Sur la pierre blanche.*

FIG. 9. — TYPE FLAMAND.
d'après F. Van der Faës.

*
* *

Lorsque les deux peuples conquis et conquérant appartenaient au même groupe ethnique, l'action perturbatrice était faible et pouvait même devenir conservatrice ou accélératrice.

La victoire des Normands sur les Anglais, tous deux appartenant à la famille germaine du rameau indo-européen, ne servit qu'à préciser le type anglo-saxon; c'est à la conquête de l'Espagne par les Maures, présentant un certain nombre des attributs typiques, des peuplades ibériques, que nous devons la caractéristique superbe du facies espagnol du moyen âge.

Par contre, la fusion de deux races opposées déterminait un état de décadence des plus accentués. Les Flandres, dont l'histoire n'est qu'une longue suite de guerres et de révoltes, présentent une absence caractéristique de beauté esthétique, l'élément flamand du groupe néerlandais

FIG. 10. — TYPE FLAMAND.
d'après Rubens. Dame de la famille Boonen.

FIG. 11 et 12. — TYPES FLAMANDS.

d'après Rubens.
La femme à la mandoline.

d'après J. Ravenstein.
Portrait de femme.

ayant été absorbé par l'élément espagnol du groupe latin, l'élément anglais du groupe saxon, etc...

En vain chercherait-on parmi les portraits de femmes des peintres des Écoles flamande, hollandaise, le moindre caractère ethnique, le moindre signe révélateur qui permît de réunir dans une même conception du « type des Flandres » des facies aussi distincts (fig. 9, 10, 11, 12).

En dehors de l'opulence des chairs, du développement des formes résultant de l'action prédominante et irréductible du milieu, ces figures féminines apparaissent sans aucun lien de parenté ni homogénéité de structure.

L'Italie du Nord, terre de délices et de voluptés, secret désir des hardis conquérants du moyen âge, fut tour à

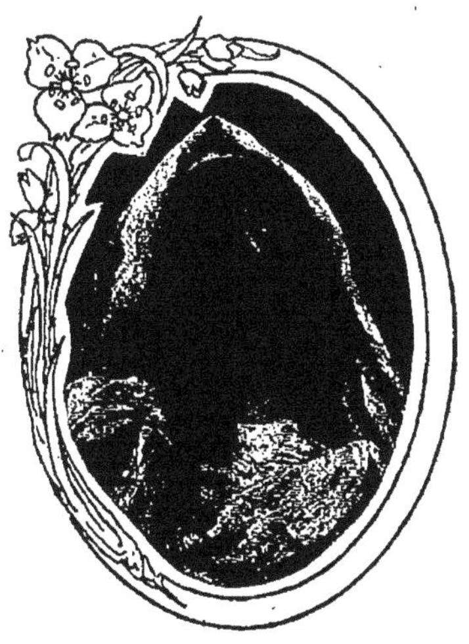

FIG. 13. — TYPE SICILIEN.

tour occupée par les Espagnols, les Français, les Autrichiens; les femmes de ces régions fortunées présentent des types de beauté distincts : lombards, toscans, vénitiens, romains, siciliens, etc., qu'une sélection tardive et ultérieure a pu fixer, mais qui n'en témoignent pas moins par leur diversité, sous des conditions mésologiques semblables, de l'action perturbatrice des occupations militaires au point de vue de l'esthétique des peuples (fig. 13, 14, 15).

IV

DES INFLUENCES ÉCONOMIQUES

FIG. 14. — TYPE ROMAIN.

L'avènement des temps contemporains par les conditions spéciales de la vie sociale qu'ils déterminaient allait bientôt ajouter à ces perturbations ethniques un trouble plus sensible encore.

Les civilisations successives apportaient en effet avec elles un idéal de paix, de concorde qui s'affermissait graduellement en un rêve de confraternité universelle.

Par suite de la suppression virtuelle des frontières, du développement rapide des voies de communication, de la diffusion des principes d'internationalisme, les divers peuples se pénétraient lentement, fusionnaient dans une étreinte généreuse de solidarité dont le plus sûr effet était de croiser les types déjà atténués des anciennes beautés ethniques.

Aux *croisements* réalisés par les occupations militaires

FIG. 15. — TYPE VÉNITIEN.

et civiles succédait bientôt un *métissage continu*, déterminant la création de types humains où chaque race apportait un élément particulier.

*
* *

Au point de vue esthétique, les nations européennes sont actuellement dans un état de « variation désordonnée » résultant des métissages continus poursuivis depuis l'avènement des temps contemporains.

*
* *

La meilleure preuve de l'exactitude de ces assertions nous est donnée par l'examen comparatif des « coefficients esthétiques » des nations.

Les pays, qui, pour des raisons diverses, sont restés en dehors de ce mouvement de fusion des races, présentent encore un type homogène et caractéristique, à peine amoindri par quelques rares mésalliances : voyez la farouche Espagne, l'indolente Italie, la lointaine Russie (fig. 16), mais qui oserait soutenir qu'il existe à l'heure actuelle un type français et plus encore un type parisien ?

*
* *

On pourrait objecter à ces théories que l'action du milieu, s'exerçant d'une manière constante, tendrait à ramener les types métis vers le facies caractéristique correspondant à chacune des situations mésologiques.

FIG. 16. — DE L'HOMOGÉNÉITÉ DU TYPE RUSSE.

Tous les visages assemblés montrent la même conformation du visage, le même dessin des yeux, du nez, la même saillie des pommettes; il n'est pas jusqu'au mode d'implantation des cheveux qui ne soit uniforme. La distinction des castes n'a pu affaiblir cette homogénéité; la maîtresse diffère peu de ses servantes réunies autour d'elle.

Il est facile de réfuter cet argument. Les conditions actuelles de la vie sociale soustraient, en effet, l'homme complètement à l'action du milieu.

Par le costume et l'habitat, l'homme s'est d'abord constitué un « milieu spécial » qui le met partiellement à l'abri de l'influence du climat, de l'altitude, de l'éclairement.

L'homme ne subit plus que très faiblement l'action de la constitution minéralogique du sol, puisque, grâce aux facilités de communication son alimentation, met à contribution les contrées les plus éloignées de son aire géographique.

Il est curieux de constater que l'organisme d'un Parisien, par exemple, reçoit par les primeurs les phosphates de chaux de l'Algérie, par la viande les principes fertilisants des gras pâturages du Charolais, du Limousin, par les poissons les substances assimilables de la Manche et de l'Océan, par le vin, le fer et le chlore des coteaux du Médoc ou de la Bourgogne.

L'homme moderne ne subit que très faiblement l'influence du milieu; nos ancêtres de l'âge de pierre étaient, par les conditions mêmes de leur existence et de leur alimentation, sous la dépendance étroite du climat, de l'altitude, de la nature du sol, etc...

Les conditions mésologiques sont donc impuissantes à modifier et à modeler à nouveau les types métis formés par croisement; d'ailleurs, la facilité actuelle des voyages et des déplacements rendrait cette action peu constante, en admettant qu'elle pût s'exercer utilement.

*
* *

Il n'est pas sans intérêt d'examiner attentivement quelles classes sociales ont subi plus particulièrement les effets de cette « fusion sociale ».

Bien que les idées d'internationalisme aient germé tout d'abord dans les cerveaux des prolétaires, ce sont les classes riches et oisives qui réalisent actuellement et exactement les « sans-patrie » ou, pour appliquer à un même principe deux noms différents, les « cosmopolites ».

Les voyages, les déplacements, les exodes constituent un luxe coûteux; en dehors des grands courants d'émigration entretenus volontairement, les castes riches et privilégiées ont seules la possibilité de changer de cieux. Tandis que le rapt et le viol perturbaient ethniquement les couches sociales inférieures, les « élites » sont plus gravement atteintes par le croisement déterminé par les influences économiques. Les causes les plus diverses, les plus étranges, viennent favoriser ces croisements entre individus de nations différentes.

Le « sang plébéien » des filles des milliardaires américaines s'allie au « sang bleu » de la noblesse européenne pour des motifs particuliers absolument étrangers à l'anthropologie. La diplomatie qui préside aux unions princières réalise même à ce point de vue d'étranges errements. Pour éviter autant que possible les dangereux effets de la consanguinité, on unit les descendants des potentats des pays distants géographiquement et plus éloignés encore par les tendances, les aspirations, les aptitudes.

Le fruit légitime de cette union est à son tour marié à quelque héritier d'un lointain pays, si bien que les États monarchiques de l'Europe sont actuellement gouvernés par des princes aux hérédités complexes n'ayant plus aucune attache morale ou physique avec les millions de sujets dont ils doivent assurer le bonheur.

Je laisse aux esprits patients et curieux le soin d'établir quelle proportion d'hérédité latine, slave, saxonne, etc., modèle la mentalité des empereurs, des rois, des tsars, et le délicat plaisir d'expliquer ainsi l'orientation générale de la politique européenne.

Puisque la « psychologie des peuples », science absconde et confuse, a fait banqueroute [1], un avenir assuré et glorieux reste à la « physiologie des races », science précise, raisonnée, basée sur les préceptes mêmes de la logique et de la raison.

1. F. Finot. *Une science qui fait faillite.* « Revue des Revues », Février 1901.

V

DE L'ÉTAT DE MÉTISSAGE GÉNÉRAL DES TYPES ETHNIQUES

Loi de juxtaposition. — Loi de réversion.

Les métissages continus poursuivis parmi les types de race blanche, ont eu l'influence la plus néfaste sur le développement, le maintien de la beauté ethnique.

On sait en effet que le métis ne résume jamais la « moyenne harmonique » des types unis ; au lieu de la *fusion* désirée des caractères esthétiques, c'est la *juxtaposition* qui se manifeste, déterminant la procréation d'individus aux formes anharmoniques, sans unité de plan ni homogénéité de caractères.

Toutes les populations croisées sont en état de variation désordonnée ; les métis qu'on unit étant chacun le produit de deux races distinctes, il y a nécessairement conflit entre les forces héréditaires des races paternelle, maternelle et les puissances héréditaires individuelles ; de cette lutte dérive l'état « d'affolement », de « dislocation », de « disjonction des caractères », qui marque fatalement ces unions.

*
* *

Un autre fait des plus caractéristiques réside dans le retour fortuit à l'une des formes génératrices au bout d'un nombre variable de générations, en vertu de la *Loi de réversion*. De même que deux solutions salines mélangées reforment chacune, après évaporation, les cristaux de son module, de même les types croisés se reconstituent brusquement et réapparaissent sans cause apparente avec leurs attributs propres.

Les races européennes présentent actuellement une remarquable application de ces théories.

Les métissages, poursuivis en vertu des circonstances étudiées précédemment, ont déterminé la production d'une foule de physionomies et d'anatomies sans régularité, sans harmonie, sans originalité; de cette médiocrité générale surgissent brusquement et sans raison plausible des types de pure beauté : grecs, italiens, slaves, etc... dont les caractères sont parfois essentiellement différents des attributs ordinaires du facies indigène.

* * *

Examinez la foule de Paris qui, par son histoire, sa situation, son rôle économique et social, offre pour ces recherches le champ d'action le plus vaste, et considérez ces statures sans proportion, sans grâce, ces visages neutres sans caractère, sans expression où chaque trait semble détaché de l'ensemble, perdant ainsi la valeur que pourrait lui conférer sa perfection individuelle.

C'est la multitude des métis conduisant irrémédiablement l'humanité vers la laideur.

A l'improviste, parmi cette foule sans attraits, un type pur de beauté classique attire tout à coup l'attention par l'évocation fortuite d'un facies espagnol aux lignes fières et hardies ou d'un profil grec à l'expression pensive, révélant ainsi une alliance lointaine dont le souvenir est peut-être perdu dans les mémoires.

La nature se plaît à faire éclore par réversion ces

modèles de beauté à tous les niveaux, parmi toutes les classes sociales.

Le peuple, la bourgeoisie, l'aristocratie présentent, à un titre égal, des exemples de types purs, isolés et perdus dans l'universelle laideur.

*
* *

Les courtisanes qui réalisent excellemment l'élite esthétique d'un peuple, permettent de contrôler, une fois de plus, l'exactitude de ces principes. Tous les types, tous les facies figurent dans cette majestueuse sélection où l'on rencontre de pures Grecques, de véritables Italiennes, d'authentiques Hollandaises, de pseudo-Espagnoles...

Ainsi survivent éloquemment sur les traits des mortels l'histoire et la destinée des peuples.

*
* *

Certains poètes ont voulu voir, dans ces apparitions fortuites de pures beautés, « le dessein secret de la nature de former de l'étreinte de deux êtres médiocres et laids un être harmonieux, fabriquant aussi de la beauté avec de la laideur pour marquer qu'elle garde en soi, pour les employer à son gré selon ses mystérieux desseins, d'inépuisables réserves de beauté (G. Derys) ».

La vérité est infiniment plus scientifique : c'est en vertu du libre jeu de la Loi de réversion que se manifestent par « coup en arrière » (*Ruckschritt* en Allemagne, *Retrogradation* en Angleterre), les types ethniques purs des races croisées.

*
* *

Les phénomènes de juxtaposition des caractères ethniques des métis sont faciles à observer. On sait que le facies si caractéristique de la race nègre subsiste longtemps dans les croisements; les belles créoles, tierceronnes, quarteronnes, présentent parfois nettement la conformation particulière du nez et l'épaisseur des lèvres; au bout de sept croisements, ces signes sont encore perceptibles.

Si nous passons aux particularités de pigmentation, les faits sont également probants.

En unissant des animaux à livrée blanche avec des sujets à robe noire, la robe grise, bleue ou cendrée, obtenue fortuitement, ne peut être fixée par alliance des métis, les pigments se localisent immédiatement et les produits obtenus présentent rapidement des pelages « pies », c'est-à-dire constitués par un fond blanc, orné de taches noires nettement délimitées.

Des faits correspondants s'établissent dans la race humaine lorsqu'on croise un blond et une brune, ou inversement. Au lieu de réaliser la pigmentation moyenne, c'est-à-dire la nuance châtain, on obtient des individus à barbe rousse, yeux bleus et cheveux noirs ; les pigments se sont donc également localisés au lieu de se mélanger ; on rencontre plus rarement la combinaison cheveux roux, barbe noire.

L'observation de ces alliances permet de vérifier également l'exactitude de la Loi de réversion. Parmi les populations métisses issues de ces unions entre types blonds et bruns, le retour au type blond complet et brun complet se montre dans la proportion de 2,7 p. % pour le premier cas et de 16,2 p. % pour le second cas; incidemment observons ici la prédominance du type brun qui, comme nous le verrons plus loin, tend à éliminer complètement le type blond.

Ces quelques exemples montrent bien la précision des lois biologiques qui président au métissage des races humaines.

VI

DES EXCEPTIONS AU MÉTISSAGE GÉNÉRAL

Ségrégation. — Amixie.

Deux forces pouvaient exercer une action opposée et enrayer cette tendance au nivellement général de l'esthétique humaine vers la laideur et la médiocrité. Ces deux forces constituent la *Ségrégation* et l'*Amixie*.

FIG. 17.

TYPE ROUMAIN CROISÉ. TYPE ROUMAIN PUR.

Ces deux jeunes filles appartiennent à des familles amies d'un même village; il faut donc voir dans ces dissemblances un fait d'atavisme dû à un croisement lointain.

Communiqué par M. N. Peyral.

La ségrégation (de *segregarer*, séparer, Moritz Wagner) est, à proprement parler, l'influence de l'isolement physique, géographique.

Par suite de leur isolement naturel, certains peuples ont pu conserver dans toute son intégrité leur patrimoine ethnique et se préserver de toute mésalliance.

Les habitants des îles offrent un exemple précis de ségrégation ; c'est en vertu de ce principe que les types féminins de la Corse, de l'Islande, de Malte présentent encore des facies purs.

Il faut évidemment que l'isolement soit effectif ; certaines îles proches des continents n'ont pu échapper au croisement ; on connaît la physionomie particulière des Zélandaises avec leur carnation fraîche, leurs yeux bleus de Septentrionales, mises en valeur par leur chevelure noire, tenant évidemment au sang espagnol, infusé à l'époque de la domination du prince Farnèse.

De même, l'Angleterre a joué un rôle trop actif dans le mouvement social, économique ou commercial, pour que son isolement ethnique fût réel.

* * *

Le relief du sol a pu opposer un obstacle sérieux à la fusion des races, réalisant ainsi une ségrégation efficace. Au point de vue esthétique « il y a toujours eu des Pyrénées » permettant au type espagnol de maintenir sa pureté ; pour des raisons analogues, les régions balkaniques ont su se préserver des mésalliances, bien que des signes de métissage soient actuellement déjà perceptibles (fig. 17, Roumaines pure et croisée).

Parmi les peuplades celtiques, trois groupes ont dû à leur situation géographique spéciale d'être préservés de tout croisement. La Bretagne était en dehors de la route des grandes migrations et les hautes vallées des Alpes, les

FIG. 18. — FEMME ARABE. FIG. 19. — FEMME KABYLE.

massifs des monts d'Auvergne arrêtaient ou divisaient les envahisseurs.

C'est à cette ségrégation que nous devons le maintien du type celte aux cheveux bruns, aux yeux noirs, au front bombé et fuyant parmi les familles bretonne, savoyarde et auvergnate.

La race celtique s'est également maintenue par ségrégation dans les montagnes du pays de Galles et en Irlande.

La configuration même de la Suisse a permis une ségrégation certaine; d'une vallée à l'autre, le type féminin se modifie et rien n'est plus divers que le facies des femmes depuis les belles Genevoises qui ravissaient Stendahl, les blondes Vaudoises, jusqu'aux femmes de l'Appenzel, rappelant le type germanique en passant par les femmes de l'Engadine au teint bistré, les brunes Tyroliennes, etc.

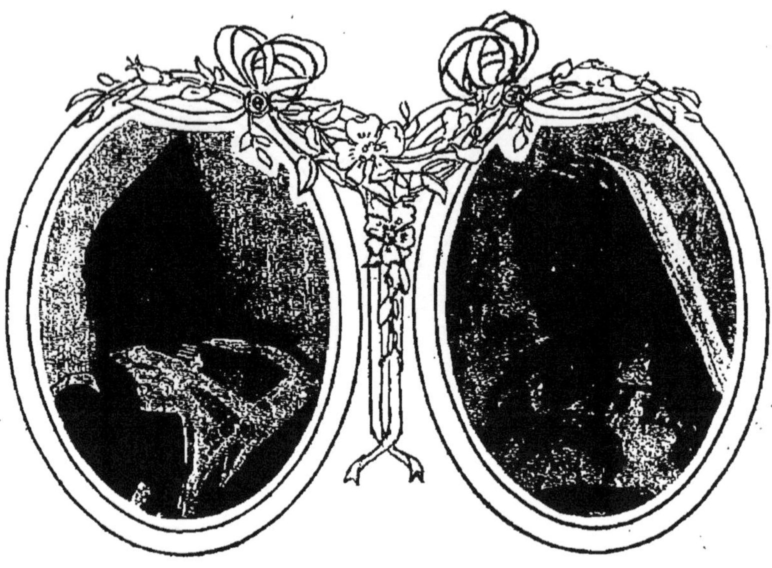

FIG. 20. — MAURESQUE. FIG. 21. — NÉGRESSE D'ALGER.

Clichés de M. André Séguin.

Des circonstances économiques spéciales, la faiblesse du mouvement commercial, l'indolence naturelle des habitants, le mépris des spéculations hasardeuses qui caractérisent la mentalité des peuples méridionaux ont exercé une sorte de « ségrégation morale ».

Les types de l'Europe centrale : Français, Hollandais, Belge, Anglais, Allemand, etc., sont beaucoup plus diffus et atténués que les types de l'Europe méridionale ou septentrionale : Italiens du Sud, Espagnols, Grecs, Suédois, Norvégiens, Grands-Russiens.

Ces différences n'avaient pas échappé à l'esprit averti de Stendahl lorsqu'il écrivait :

« Prenez au bois cent femmes françaises, quatre-vingts sont agréables, une à peine est belle.

« Parmi cent femmes anglaises, trente sont grotesques, quarante décidément laides ; vingt, assez bien, quoique maussades et dix des divinités par la fraîcheur et l'assurance de la beauté.

« Sur cent Italiennes, trente sont des caricatures avec du rouge et de la poudre sur le visage, cinquante sont belles mais sans autre attrait que la volupté et les vingt autres sont de la beauté antique la plus ravissante. »

* * *

La seconde force conservatrice à opposer aux influences perturbatrices étudiées plus haut est réalisée par l'amixie (Weissmann).

On dénomme ainsi l'impossibilité physique de l'acte de la reproduction entre certains individus.

FIG. 22. — JUIVE DE TUNIS.

Aucun phénomène de cet ordre n'a pu être dûment constaté, le désir de l'homme ne s'arrêtant pas aux considérations ethniques, mais il a pu exister un obstacle « moral » empêchant tout croisement ;

FIG. 23. — JUIVE DE TURQUIE.

les différences ethniques de deux peuplades voisines, au lieu de s'effacer avec le temps sous l'action des forces plastiques de la nature, peuvent ainsi, tout au contraire, sous l'empire de coutumes immuables et par la contrainte des institutions sociales, s'accuser de siècle en siècle plus fortement (A. France).

La question des religions offre à ce sujet de curieux exemples.

Les Juifs répudiant toute alliance avec une race de religion différente ont su conserver intact leur facies caractéristique et si la beauté incontestable des Juives fait encore sensation à notre époque, soit qu'il s'agisse du type *Sephardim* aux cheveux noirs, aux yeux bruns ou du type *Achkenazim* aux yeux clairs et aux cheveux blonds, c'est autant à cause de sa distinction évidente qu'en raison de l'homogénéité remarquable du type (fig. 22 et 23).

*
* *

Nous rencontrons un autre exemple caractéristique d'amixie parmi les descendants de ce peuple étrange et nomade, désigné sous les noms divers de Bohémiens, de Gitanes, Gypsies, Tziganes, Zingaris, Zigeuner, etc.

FIG. 24. — FEMME ANDOULOS.

Chassés par les conquérants arabes de leur première patrie, les bords de l'Indus, ces descendants des Djats et des Bandazris, promènent à travers le monde leur profil altier et indifférent.

Les femmes sont remarquablement belles avec un teint basané, de longs yeux noirs, une bouche petite dans un visage étroit et long. Les Bohémiens ne se marient jamais qu'entre eux, le type s'est transmis ainsi fidèlement à travers les siècles dans toute sa précision.

*
* *

Parmi les populations composites de Tunis la Blanche les Andoulos forment une caste particulière qui se distingue par son type superbe.

Ce sont les descendants des Maures d'Espagne qui conservent encore précieusement les clefs de leurs maisons de Grenade ou de Séville. Fiers d'un passé glorieux, les Andoulos refusent de s'allier à toute famille étrangère; par amixie étroite, la beauté des femmes s'est conservée intacte et splendide (fig. 24).

Le fanatisme oriental, aidé par des conditions d'existence différentes et des haines vivaces, a permis également le maintien sur la terre d'Afrique de types nettement distincts; ainsi s'explique l'existence — sans fusion ni métissage — de races aussi esthétiquement opposées que les races kabyle, arabe, mauresque, négresse, sémite (fig. 18, 19, 20, 21). Cette différenciation s'est même maintenue parmi les tribus d'une même souche que des aptitudes ou des spécialisations différentes ont séparé par amixie pure.

Les Arméniens, qui constituent une des plus belles races du monde, doivent leur supériorité ethnique au soin jaloux avec lequel ils ont écarté toute union avec les races voisines. Groupés en communautés, exterminés, meurtris, pourchassés, trahis, ils ont su néanmoins maintenir leur pureté de sang et conserver par amixie la caractéristique superbe de leur type.

VII

DE LA DÉGÉNÉRESCENCE DES TYPES ETHNIQUES

Il est loisible de reconnaître que les exceptions au métissage général permises par la ségrégation et l'amixie ne se manifestèrent qu'exceptionnellement; l'humanité dans son ensemble se présente sous la forme imagée d'une foule de métis sans harmonie, dont la laideur même place en plein relief les types de beauté apparus par réversion.

Cet état d'équilibre instable eût pu se maintenir si d'autres causes n'étaient venues affaiblir ces facies impeccables, seuls capables de régénérer la race humaine abâtardie; le coefficient esthétique des nations s'abaisse donc avec des vitesses différentes, suivant les diverses conditions de la vie sociale, mais la régression s'accuse irrémédiablement.

*
* *

Au début des périodes de métissage la Loi de réversion permettait la libre éclosion de types ethniques possédant intégralement tous les attributs de la beauté correspondant à l'une des souches. A mesure que la fusion des sangs s'accentuait, deux causes venaient atténuer la supériorité esthétique des beautés pures apparues par « retour en arrière » ; l'homme se libérait en effet de l'action du milieu par la nature même des conditions de la vie moderne et diverses circonstances déterminaient d'autre part la disparition ou la dégénérescence de ces figures impeccables, détruisant ainsi le précieux moule où pouvait se modeler, suivant les forces héréditaires, le type parfait de la race.

*
* *

Incontestablement, les conditions mêmes de la vie moderne sont défavorables au parfait épanouissement de la beauté corporelle.

Le couple humain s'est éloigné des conditions normales de l'existence ; au lieu d'une vie saine, large, active au sein de la nature bienfaisante et accueillante, il s'est constitué un habitat, un régime, un milieu spéciaux, où toutes ses fonctions biologiques sont entravées dans leur libre essor.

L'orientation de l'activité humaine a fait délaisser le travail musculaire, source de toute beauté physique, pour le travail intellectuel, origine de tares et de malformations.

Aux ères primitives de l'humanité le type était fruste, brutal et musclé ; la civilisation a graduellement développé le jeu des circonvolutions cérébrales en amoindrissant du même coup la vitalité du muscle.

A travers les stades de l'histoire on perçoit ce double mouvement : atténuation de la force, développement de l'esprit; cette évolution aurait dû s'arrêter au point de croisement des deux courbes, l'une ascendante et l'autre descendante, et réaliser d'une manière fixe et immuable cet équilibre moyen qu'une seule époque de l'humanité — la Renaissance — a placé en pleine lumière dans la personne des hommes « complets » de cette brillante civilisation : artistes industrieux, savants passionnés de combats et d'amours; Benvenuto Cellini, par exemple, qui

ÉVOLUTION DE LA FORCE ET DE L'ESPRIT
à travers les diverses époques de l'histoire.

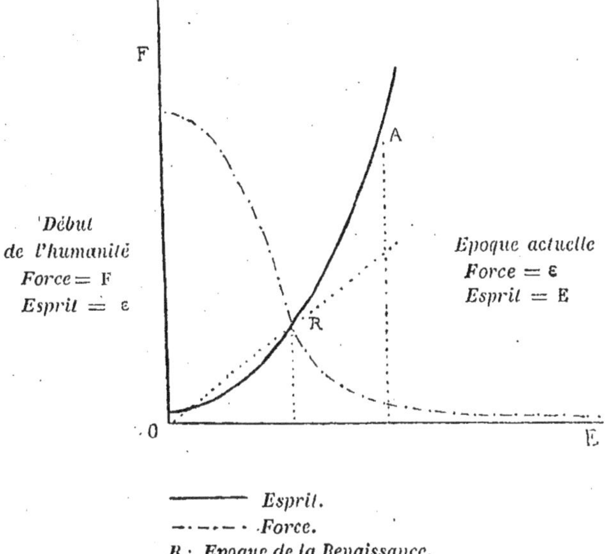

——— *Esprit.*
—·—·— *Force.*
R : Epoque de la Renaissance.
Force = Esprit.

fut à la fois sculpteur, soldat, musicien, ingénieur, orfèvre et dont « la constitution était si bonne et *si bien équilibrée* qu'il faisait facilement tout ce qu'il lui prenait fantaisie d'entreprendre [1] ».

Poursuivant son évolution, et dépassant ce stade d'équilibre, l'organisme humain a vu s'amoindrir sa force et s'exagérer sa puissance cérébrale.

Parti de la *brute,* l'homme-entité est parvenu à l'*intellectuel,* et l'on peut se demander avec inquiétude si

1. Benvenuto Cellini. *Mémoires.*

le progrès réalisé est de ceux dont on éprouve quelque assurance ou quelque fierté. A la puissance brutale mais loyale de la force s'est substituée le despotisme caché, incisif et dissimulé de l'esprit; le « geste » a certes perdu de sa grandeur et pour se convaincre de la supériorité de cette transformation il faut, de toute nécessité, se souvenir que cette évolution définit précisément ce que l'on est convenu d'appeler « un état de civilisation avancé ».

*
* *

Divers facteurs ont aidé cette déchéance physique.

L'alimentation, par nécessité ou perversion du goût, s'est éloigné des règles qui présidaient à son ordonnance primitive.

L'augmentation réelle des salaires n'a profité qu'aux plaisirs factices, au faux luxe. A mesure que le bien-être s'accentuait, le prix des denrées nécessaires à l'alimentation humaine diminuait. Le costume, la parure, le théâtre, les voyages, accaparent les économies du ménage citadin, qui se nourrit le plus économiquement possible.

C'est à notre siècle « d'amélioration sociale » et « de régénération humaine » que revient la gloire de ces découvertes ingénieuses qui permettent à l'organisme humain de s'alimenter « économiquement » de pain à la sciure de bois, de lait de drèches, de beurre de tourteaux, de viande engraissée aux pulpes, de légumes poussés hâtivement dans des sols aux engrais chimiques, de vin « mal imité » et d'œufs « desséchés », etc.[1].

L'influence de cette alimentation, non seulement précaire mais nocive sur un organisme déjà en voie de régression, s'accuse nettement. La rectitude des formes inséparable de la force vitale disparaît graduellement, les muscles marquent faiblement leur relief; la graisse,

1. **P. Diffloth.** *Comment on se nourrit aujourd'hui.* « Annales d'Hygiène ». Janvier 1905.

ce *caput mortuum*, se dépose abondamment et détruit la ligne; la peau devient flasque, la beauté disparaît.

Cet organisme sans vigueur est une proie facile pour les maladies qu'une hérédité implacable ou une hygiène incomplète transmettent de génération en génération.

S'il est des affections qui ne modifient pas la conformation du corps, il en est d'autres qui laissent sur l'anatomie générale leur empreinte indélébile.

Le rachitisme dévie la colonne vertébrale, fléchit les jambes, épaissit les articulations; les myopathies projettent la tête en avant, font saillir les omoplates, déforment la poitrine; la tuberculose, la scrofule réduisent les dimensions du thorax, amaigrissent les membres, et détruisent toute beauté.

Il semble prouvé que 30 p. % de la totalité des êtres humains sont atteints de rachitisme (Vierordt, Senator, Richtie, Stratz) et que 15 p. % meurent de la tuberculose, soit en tout une proportion de 45 p. %.

La probabilité de dégénérescence des types purs apparus par réversion est donc des plus élevées.

* * *

Les Spartiates pratiquaient un mode énergique de sélection dont la célébrité fut grande; seuls les enfants forts et robustes étaient « élèves au-dessus de terre ».

La nature elle-même s'était cependant chargée, sous une forme d'ailleurs moins brutale, de cette œuvre de sauvegarde; avant « les progrès de la science médicale », et les « découvertes récentes », les organismes faibles et déprimés disparaissaient sans descendance; actuellement les perfectionnements thérapeutiques sont tels qu'un individu accablé de tares peut vivre, aimer... et donner naissance à des rejetons qui poursuivent eux-mêmes cette œuvre de dégénérescence.

C'est ainsi — pour préciser cette thèse par un détail — que nos chirurgiens sont en train de développer l'appendicite au point que dans un avenir prochain tous nos enfants et petits-enfants seront atteints de cette maladie (S. G. Dexter). L'appendicite ne se déclare que chez les sujets présentant la réceptivité; or la prédisposition aux maladies, généralement héréditaire, s'exagère chez les enfants nés de sujets guéris de l'appendicite.

Si l'appendicite était peu connue autrefois, c'est qu'une aussi fâcheuse tendance héréditaire était éliminée par la suppression des individus.

Il serait aisé de généraliser cette remarque et de préciser ainsi un facteur nouveau de déchéance physiologique.

*
* *

Ces faits montrent l'importance que devra prendre dans la société future l'apostolat du médecin. Puisque la charité et la pitié lui commandent de diminuer les souffrances de ses semblables, le médecin devra soigner et tenter de guérir, mais pour remédier à la dégénérescence vitale, fatalement le praticien, usurpant l'autorité du prêtre, sera dans la nécessité de réglementer les unions et de surveiller les alliances. Ainsi se pressent, dans les avenirs lointains, le pouvoir du médecin devenu l'*armature* même de tout groupement social.

La civilisation qui marche suivant une courbe fermée et repasse d'âge en âge aux stades déjà parcourus donnera, de nouveau, aux guérisseurs, le prestige et le pouvoir accordés parmi les peuplades arriérées aux fétichistes et aux distributeurs d'amulettes.

*
* *

Les conditions défavorables de la vie « sociale » viennent encore exercer leur action déprimante et déformatrice sur le facies humain.

« La femme, chef-d'œuvre artistique, est due aux soins particuliers que les hommes ont pu donner à sa culture, grâce à la puissance de l'or et à la chaleur morale de la civilisation.

« Elle se reconnaît généralement à la blancheur, à la finesse, à la douceur de la peau; son penchant la porte à une exquise propreté. Ses doigts ont horreur de rencontrer autre chose que des objets doux, moelleux, parfumés; elle aime à lisser ses cheveux, à brosser ses ongles roses, à les tailler en amande, à baigner souvent ses membres délicats. Pour elle, marcher est une fatigue; mange-t-elle? c'est un mystère; partage-t-elle les besoins des autres espèces? c'est un problème.

« Les heures dérobées au soin d'elle-même ou à la volupté, elle les emploie à chanter les airs les plus doux... » mais — ajoute Balzac — « ces traits pris entre mille se retrouvent-ils en ces créatures dont les mains sont noires comme celles des singes et la peau tannée comme de vieux parchemins, dont le visage est brûlé par le soleil et le cou ridé comme celui des dindons; qui sont couvertes de haillons, dont la voix est rauque, l'intelligence nulle, l'odeur insupportable, qui sont incessamment courbées vers la terre, qui piochent, hersent, fanent, glanent, moissonnent, pétrissent le pain, teillent le chanvre; si la nature a voulu que ces créatures aient un bec coracoïde, un os hyoïde et trente-deux vertèbres, qu'elles restent pour le physiologiste dans le genre Orang! »

En tenant compte des statistiques qui accusent, sur quarante millions de Français, vingt-deux millions de pauvres, seize millions de gens aisés et deux millions de riches; en remarquant que les naissances mâles et femelles s'équilibrent, on constate qu'il y a donc onze millions de femmes françaises, soit 25 p. % environ, destinées à voir leur type ethnique déformé et abâtardi par les dures conditions de leur propre existence.

VIII

DES CONDITIONS PHYSIOLOGIQUES DE LA REPRODUCTION HUMAINE

Par une contradiction étrange l'homme semble ignorer lorsqu'il s'agit de lui-même, les règles et les préceptes qu'il applique sagement dans la reproduction des animaux exploités pour son profit et son agrément.

La « sélection » est préconisée comme le mode le plus rationnel d'exploitation zootechnique ; l'étalon est choisi avec soin, nourri abondamment ; ses saillies sont surveillées, réglées judicieusement. S'il s'agit de la race humaine, toutes ces prescriptions deviennent lettre morte.

L'homme contemporain consacre toutes les heures de la journée au labeur quotidien. Vers le déclin du jour, la fatigue excessive de ses muscles, ses digestions incomplètes ont déversé dans son organisme des toxines diverses ; la vaillante armée des leucocytes est lasse d'avoir lutté sans trêve pendant douze longues heures contre les invasions de nombreux agents pathogènes.

Suivant une expression imagée, « l'homme n'a plus une faute à commettre » pour devenir la proie de ces forces obscures qui tentent de désorganiser ses cellules.

C'est pourtant cet état précis qui préside aux fins de la reproduction humaine, et si l'on peut s'étonner de quelque chose encore, c'est que les résultats de cette « aventure » ne soient pas plus négatifs.

*
* *

Il ne viendra jamais à l'esprit d'un éleveur d'accoupler un animal tuberculeux avec un animal sain ; journellement des êtres sciemment tuberculeux possèdent de nombreux enfants (Dr Raimondi).

Jamais, celui qui fait de l'élevage du bétail ne songerait à faire reproduire continuellement ses animaux; pas plus que l'agriculteur ne penserait à utiliser continuellement le même champ pour des cultures ininterrompues.

L'être humain, quand il s'agit de lui-même, n'a pas autant de préoccupations, et Rabelais a dit déjà : Boire sans soif et aimer en toutes saisons est ce qui distingue l'homme de la bête.

« Une femme a un enfant; un an après elle en aura un autre; deux ans après, parfois, un troisième, et la famille d'être stupéfaite que des enfants, ainsi conçus par une mère exténuée, ne s'élèvent que difficilement! C'est de l'inconscience!

« L'éleveur prendra-t-il de vieux animaux pour les faire reproduire? Non! Cependant nous voyons tous les ans des ménages de gens âgés avoir des enfants. Il est fort difficile de leur faire comprendre que, dans de pareilles conditions, ils ne peuvent donner naissance qu'à des rejetons dont la croissance sera fort pénible.

« Nous voyons, non moins souvent, de ces êtres, avachis par les excès sexuels et l'alcool, vouloir obtenir, lors de leur mariage, des enfants normaux.

« On n'obtiendra pas de l'union d'un coxalgique avec une ataxique (je possède le rejeton) un produit convenable; de même, par l'association d'un cinquantenaire avec une femme de quarante-cinq ans, on ne devra pas attendre un enfant capable d'être élevé normalement.

« Lorsqu'il y aura conception par union d'un homme ayant travaillé durant plusieurs mois douze heures par jour, avec une employée ayant fourni la même somme de travail, le fruit de cette union sera inévitablement défectueux.

« Lorsqu'on s'est occupé de puériculture, et que l'on a pu, dans toutes les classes de la société, considérer comment s'accomplit la fonction de reproduction, on constate une déchéance physique, tout aussi appréciable que la décadence morale.

« Les nourrissons débiles, atrophiques, non pas uniquement par vice d'alimentation, mais atrophiés à cause du mauvais état physique des parents au moment de la conception, sont innombrables [1]. »

« Le jardinier ne sème que ses meilleures graines, il ne prend bouture que des plus belles plantes; l'éleveur choisit pour ses croisements les sujets les plus vigoureux dans l'état et le moment le plus favorables. Nous opérons la sélection sur toutes ces espèces, sauf sur la nôtre! Au lieu de faire des enfants au hasard, souvent dans la maladie, la lassitude — et aussi hélas! sous le coup de l'ivresse — au lieu de les jeter pêle-mêle dans la vie où vous ne pouvez les suivre, créez-les, élevez-les avec discernement, avec amour [2]. »

Les enfants débiles mis au monde ne peuvent trouver, dans les conditions mêmes de l'allaitement, une cause de vitalité nouvelle.

L'allaitement maternel n'est plus dans les mœurs; ce serait inutile et même dangereux de le méconnaître. Les mamelles maternelles deviennent stériles; sur cent femmes cinq peuvent nourrir une année, vingt-cinq six mois, le reste peut allaiter quelques mois ou quelques semaines seulement.

1. Dr Raimondi. *Revue de puériculture.*
2. Michel Corday. *Sésame.*

Pour suppléer à ce lait naturel les hommes, au lieu de revenir aux modes simples et rationnels, ont créé les laits industriels : *aseptisés, paternisés, hydrogénés,* etc... dont la valeur nutritive est nulle.

*
* *

Il serait à souhaiter que l'acte de la reproduction humaine fût entouré de plus de sollicitude et de respect.

La conception d'un être humain, au lieu d'être un oubli, une erreur, devrait s'éclairer du prestige qui auréole tous les « gestes sublimes » de la nature.

Les héros, dit-on, sont engendrés dans la parfaite communion d'amour des deux procréateurs. Sans exiger cette rare concordance, on pourrait désirer qu'un esprit plus noble et plus sérieux présidât aux conceptions humaines.

*
* *

Quels résultats peut-on vraisemblablement attendre d'unions ainsi régies et déterminées? La déchéance physiologique et morale des hommes de notre temps tient incontestablement aux conditions défectueuses ayant présidé à leur conception.

« Les plus beaux types, les plus beaux caractères à notre époque ont presque toujours certains traits vulgaires. Cela se comprend. Quinze siècles de dédain pour le corps, de haine pour les passions devaient fatalement laisser des traces. Aujourd'hui il n'y a pas plus d'aisance dans la pensée que dans les mouvements. On ne voit partout que des physionomies ridiculement emphatiques, méditatives et prétentieuses, au lieu de cette grâce fine et sans apprêt des figurines de Tanagra ou de Narcisse, au lieu de cette mâle beauté du Balbus d'Herculanum ou du Tibère de Caprée [1]. »

1. H. Rebell. *Le Diable est à table.*

Il faut désirer ardemment une évolution morale montrant au couple humain la nécessité de voir dans l'Amour le plus noble geste de la Nature et le seul but de l'activité et de la sensibilité humaines.

*
* *

Ces prescriptions devraient être particulièrement édictées parmi les basses classes de la société où les tares et les déchéances sont nettement accusées. Les crèches des hôpitaux présentent au visiteur les produits nombreux de ces tristes unions..., infortunées petites victimes d'un mal dont ils sont innocents. A la tête du lit où blémissent leurs facies simiesques on déchiffre la condamnation brutale :

Mère *tuberculeuse*, Père *éthylique*... « *Ethylique* » et non « *alcoolique* », car il convient de n'offenser personne et de respecter notre vice national et électoral...

Les déchéances psychologiques qui rongent l'humanité ont malheureusement exaspéré l'activité sexuelle des malades, les tuberculeux voient s'accroître leurs capacités affectives, ce sont les *embrasés* (Michel Corday) ; les alcooliques, les syphilitiques procréent au hasard des rencontres et des possibilités.

Les fiches des Dispensaires et des Consultations de nourrissons, si précieuses comme document social, montrent l'étroite connexion de la fécondité sociale des types et de leur déchéance physiologique ; toujours *athrepsie*, *atrophie*, *hérédo-syphilis* riment avec *multipare*.

A mesure que les temps se poursuivront, les tarés et les malades mettront au monde un nombre de plus en plus considérable de « déchets », poursuivant à leur tour cette œuvre de désorganisation.

*
* *

En dehors de la castration, peu de méthodes semblent capables d'assurer la défense de la société.

Parmi les quatre classes que H.-G. Wells établit dans notre actuel groupement social, une catégorie spéciale assemble les êtres tarés, les races inférieures, l'écume des grandes cités, ce que l'auteur appelle les « gens de l'abîme ». Pour se débarrasser de ces parasites dangereux, H.-G. Wells[1], reconnaissant l'impossibilité de les empêcher de naître, propose de les encourager au vice qui leur procurerait un genre de mort conforme à leurs tendances naturelles; les villes de plaisir suffiront peut-être à cette préservation (A. Filon); c'est là que l'humanité inutile, les refusés de la sélection iraient s'éteindre dans les voluptés.

1. H.-G. Wells. *Anticipations.*

IX

DE L'INFLUENCE DES MODES

A ces influences perturbatrices s'ajoutait l'action déformatrice du costume dont les variations et les modifications, dictées par le caprice inconstant des modes, se succédaient d'âge en âge sans qu'une orientation précise en vînt régler l'esprit ou la logique même.

Il serait puéril de contester cette loi que la beauté humaine ait été créée pour la vision réelle; la civilisation antique, en imposant à la femme les voiles légers et souples, avait peu troublé cette harmonie, mais le péril se manifeste et le mal s'aggrave, dès que la recherche du costume subit docilement le caprice des modes.

*
* *

Le moraliste est quelque peu embarrassé d'expliquer le lent passage de l'emploi du costume normal aux artifices excessifs des modes. Couvrir son torse de draperies soyeuses, de draps artistiquement découpés semble une tentative louable, mais s'autoriser de ces essais pour modifier la forme même du corps paraît œuvre ridicule dont l'illogisme même eût dû frapper l'esprit féminin.

Sans doute faut-il voir là un des effets néfastes de cette tendance de la femme à se distinguer de ses semblables, à se singulariser aux yeux des hommes, de quelque sa-

FIG. 25 A 27. — DE LA DÉFORMATION DU CORPS FÉMININ PAR LE COSTUME
Dessins de P. Diffloth.

crifice que soit payée cette supériorité d'ailleurs contestable.

* * *

Amenée par la diminution de sa vitalité, par la satisfaction de son instinctive coquetterie, à couvrir son corps de parures diverses, la femme subit inconsciemment dans son choix l'influence des paysages, des sites qui l'entouraient et des conditions mésologiques qui régissaient son existence. Le décor coutumier qui frappait ses yeux dut, par sa forme et ses couleurs, orienter dans un sens défini ses obscures recherches et préciser son choix dans la réalisation de ses premiers ajustements.

Les costumes primitifs et originaires tirent de cette évidente adaptation une grandeur réelle dont nous ne pouvons percevoir qu'un lointain reflet ; les costumes nationaux ou régionaux donnent au type indigène toute son exacte valeur et constituent ainsi dans le vaste cadre du milieu un cadre réduit où l'individu apparaît en parfaite harmonie avec les êtres et les choses qui l'entourent suivant la loi suprême d'harmonie, si souvent violée par les conventions humaines.

Croit-on que le hasard seul ait orienté vers son allure définitive le costume espagnol, le vêtement russe,

AUX DIFFÉRENTES ÉPOQUES DE LA CIVILISATION.

les parures italiennes? En généralisant cette remarque jusque dans ses moindres détails, ne peut-on reconnaître un caractère étroit de relation entre la silhouette dure, rude, des Bretons, et les paysages aux lignes heurtées et sèches de la vieille Armorique, entre le costume ample et large des Normands et l'aspect fertile et gras des pâturages du Cotentin?

Un philosophe dissert a d'ailleurs établi l'étroite analogie entre la coiffure des peuples et le toit de leurs habitations dont l'architecture dépend évidemment des conditions du milieu; les exemples de cette identification abondent en effet, et le cas des Chinois à la coiffure convexe comme le toit des pagodes, des Hindous aux coiffes surélevées comme les architraves de leurs temples, des Arabes aux turbans ronds comme des mosquées, en sont les arguments les plus décisifs.

La coiffure humaine suit donc cette loi d'adaptation au milieu, et tout permet de comprendre dans cette règle d'identification les diverses parties des costumes primitifs des peuples.

Durant les premiers âges de l'humanité et même de la civilisation antique, l'homme subit docilement l'empreinte du milieu qui modela non seulement ses lignes et son facies, mais orienta l'esprit même de son vêtement,

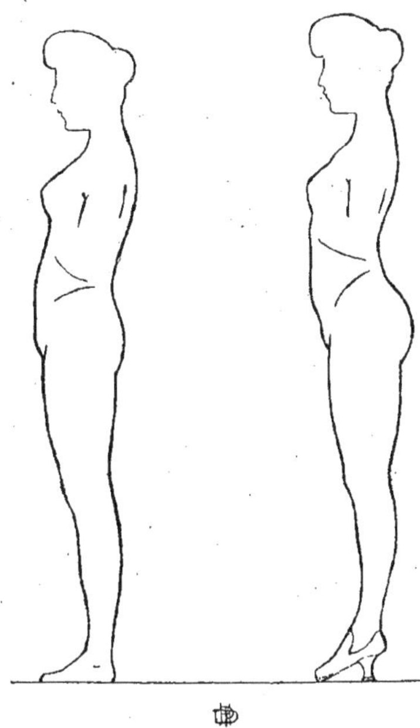

FIG. 28. — MODIFICATION DE L'ÉQUILIBRE NORMAL DU CORPS FÉMININ PAR LES TALONS HAUTS.

vers sa configuration caractéristique.

*
* *

C'est seulement aux époques d'une civilisation dite supérieure que l'esprit humain s'ingénie à déformer l'œuvre de la nature et à détruire l'harmonie existant entre le costume et le corps, entre l'être et l'enveloppe.

Chaque siècle apporte à cette œuvre de destruction un élément nouveau et les déformations et malformations se transmettant fidèlement par hérédité, le corps humain, en particulier le corps féminin, tendent vers un facies inférieur dont aucune raison précise ne justifie l'étrange orientation.

*
* *

Il serait difficile de nier l'influence despotique de ces modes féminines qui décrètent impérativement : « les hanches... ça ne se porte plus »... « les gorges, il faut n'en plus avoir », prescriptions que les littérateurs répètent à l'envi et diffusent à plaisir... « Je n'ai pas de hanches, dit Mathilda à Lucien Lorédan [1]. — Que si ! répond son ami. Vous les cachez avec art sous un ingénieux corset

1. M. Boulenger. *Le Page*, p. 3.

parce que cette partie du corps n'a point la vogue en ce moment et que ces dames l'ont sacrifiée. »

« ... Comme te voilà avec des hanches ! s'exclame Tite-Luce en apercevant Mme Vihiers[1]... Tu as raison, quoique les chipies assurent que cela ne se porte plus. »

« Cela ne se porte plus. » — Fort bien — mais le corps féminin formant un volume irréductible, on se demande avec anxiété où passent les parties de l'académie féminine qui ont cessé momentanément de plaire.

FIG. 29. — ÉQUILIBRE DU CORPS FÉMININ FAUSSÉ PAR LE CORSET DROIT.
d'après un croquis de G. Meunier.

Il résulte de ces efforts d'atténuation une gymnastique ingénieuse et compliquée qui justifie cette boutade du sage interdisant à l'homme d'esprit de pénétrer dans le cabinet de toilette de sa femme.

Pour atteindre le but rêvé, aucune peine, aucune souffrance ne rebute la femme et c'est ainsi que, de génération en génération, se transmettent les tares et les déformations du corps sans qu'aucun raisonnement logique ne puisse enrayer ces fâcheuses tendances.

C'est surtout la portion médiane du corps féminin, — la taille pour employer ce mot inélégant — qui dut subir les déformations les plus accentuées.

On pourrait arguer de ce fait pour établir avec quelque

1. Diraison-Seylor. *Mon chéri, mon cher*, p. 31.

facilité la faible éducation artistique des femmes; il faut en effet ne posséder aucun sens de l'harmonie pour attacher à la finesse de la taille une idée de grâce et de beauté sans comprendre que la perfection esthétique existe, au contraire, dans les molles inflexions par lesquelles le corps, « après avoir fourni le superbe épanouissement de la poitrine, s'amincit lentement au-dessous du thorax pour se magnifier ensuite dans l'ample et tranquille évasement des flancs ».

« La taille doit être un passage lent, insensible et doux entre les deux gloires de la femme : sa poitrine et son ventre. Les modes se sont complu à déformer cruellement ces lignes onduleuses en comprimant le thorax à l'aide d'armatures rigides et étroites qui défonçaient la poitrine, entraînant les seins dans sa ruine, aplatissant les fausses côtes et creusant un sillon disgracieux au-dessous du nombril.

« Les négresses qui se taillent les dents en pointe et qui se fendent les lèvres pour y introduire un disque de bois, se défigurent avec moins de barbarie. Car enfin on conçoit qu'il reste encore de la splendeur féminine à une créature qui s'est passé un anneau dans le cartilage du nez et dont la lèvre est distendue par un rondelle d'acajou, mais la dévastation est entière quand la femme exerce ses ravages dans le centre sacré de son empire[1]. »

La finesse de la taille réalisée par l'abus du corset ne peut d'ailleurs illusionner l'observateur expérimenté et l'opposition entre la réduction du diamètre du thorax et l'ampleur des régions avoisinantes suffit à démasquer l'artifice.

Sur le corps nu la déformation est également évidente. L'anatomie normale de la femme présente des contours harmonieusement raccordés, les lignes du thorax ont

1. A. France. *Histoire comique.*

FIG. 30. — DÉFORMATION DU MOLLET PAR LA JARRETIÈRE.
PP. Rubens (Fragment).

pour prolongement naturel les sinuosités de l'abdomen dont la légère convexité est déterminée par la saillie des muscles à droite et à gauche de la ligne médiane au-dessous du nombril.

La compression du corset détermine un sillon transversal au-dessous du nombril, qui délimite ainsi deux régions distinctes du tronc; les parties molles de l'abdomen en dessous de cette ligne sont refoulées vers le bas et en avant; le ventre devient rond et proéminent et prend un profil saillant à mesure que la compression s'accentue.

FIG. 31. — STATUAIRE ANTIQUE. — LES TROIS GRACES.
Les lignes du torse féminin sont nettement perceptibles.

La convexité du thorax diminuant, les seins perdent leur direction normale et tombent graduellement.

La pression continue des muscles du ventre efface le relief de l'abdomen et détruit son principal soutien, le ventre devient flasque et pendant.

Un pareil corps est déformé pour toujours par la première grossesse ou le plus léger embonpoint; à la place de la taille, il ne reste plus qu'un sillon transversal plissé et ridé; seul le corset est encore capable de donner pendant quelque temps encore l'illusion des formes qu'il a lui-même détruites (Dr Stratz).

Les muscles du dos sont également contrariés dans leur développement par l'abus du corset : le dos se creuse, s'aplatit et perd son délicat modelé.

Pendant la croissance, la charpente du corps, fragile et flexible, ne peut parfaire son développement; sous la pression du corset, le squelette se déforme, les fausses côtes, au lieu de présenter un angle droit, s'unissent en angle aigu et la cage thoracique forme une cavité ellipsoïdale à base réduite.

FIG. 32. — STATUAIRE DE LA RENAISSANCE. — AMPHITRITE DE MICHEL AUGIER. *Le buste féminin laisse percevoir l'influence des « corps baleinés ».*

Par hérédité, la déformation de la taille féminine s'est transmise de génération en génération; les modèles actuels présentent un amincissement du thorax qui leur permet de certifier faussement, la non-compression du costume.

On pourra se rendre compte de la liberté de la taille sous l'emprise du corset, non par l'introduction de la main, ce procédé, encore que galant, n'étant aucunement concluant par suite de la mobilité de la couche adipeuse du corps féminin, mais par l'examen du contour apparent qui ne doit présenter en aucun point de *tangente horizontale.*

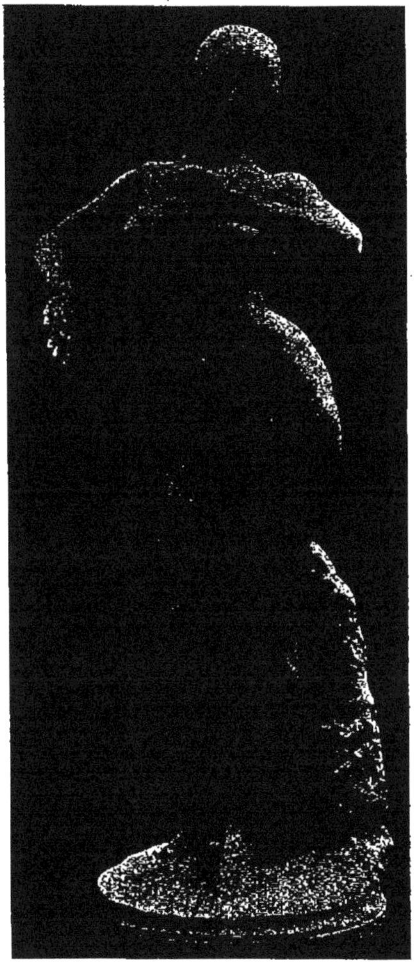

FIG. 33. — STATUAIRE MODERNE. — DANSEUSE.
La déformation engendrée par le corset est aisément visible.

*
* *

La jambe et le pied féminins ont subi également l'influence déformatrice des modes. Pour témoigner de la finesse de son pied, la femme s'empresse de détruire par des chaussures étroites la beauté naturelle de cette partie du corps; la torsion du gros orteil en dehors, le recroquevillement des autres doigts en ont rapidement dénaturé la forme délicate.

Pour accroître sa hauteur, ou moduler sa démarche sur un mode spécial, la femme eut recours aux talons élevés qui précipitèrent les déformations du pied, et forcèrent le corps humain à modifier les conditions de son équilibre (fig. 28). Il faut cependant reconnaître que la stature déterminée par l'usage des talons est souvent favorable à la beauté féminine; seules les femmes bien faites aux jambes longues — dernière qualité extrêmement rare aujourd'hui — ne trouvent dans cet expédient aucun avantage trompeur.

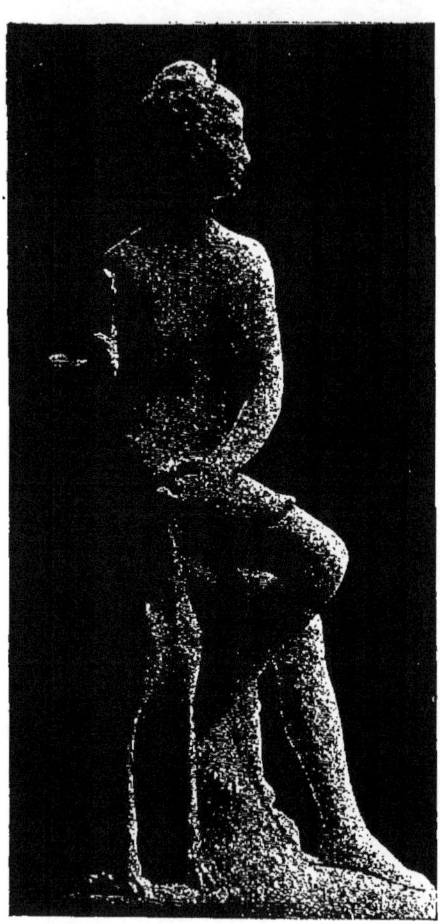

FIG. 34. — STATUAIRE MODERNE. — DIANE.

Amincissement du thorax par l'usage immodéré du corset.

La jarretière enfin déforme le galbe du mollet et détruit la beauté du genou; on peut constater aisément cette dernière déformation sur tous les modèles de Rubens. La jarretelle qu'on lui a opposée — par mesure soi-disant hygiénique — occasionne durant l'époque de la croissance des déviations sensibles des jambes.

Pour éviter les marques au genou, les déformations du mollet ou les jambes torses, la logique seule

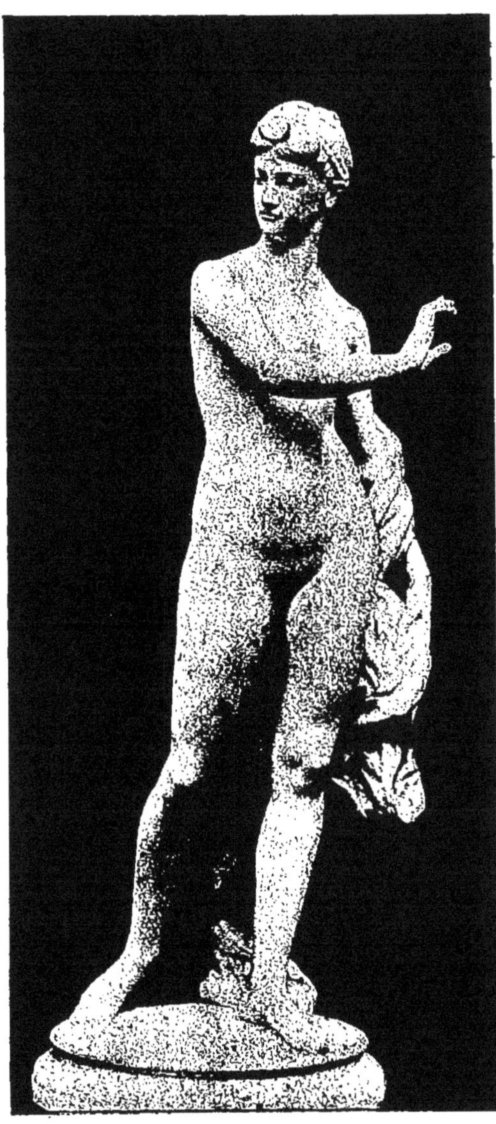

FIG. 35. — DIANE.
Modèle nu. Adaptations de P. Diffloth.

conseillerait donc l'emploi des chaussettes très courtes ou des bas très longs.

Vouloir citer et dénombrer les exagérations, les déformations entraînées par les modes féminines serait œuvre difficile et longue; les audaces tentées surprendraient même les esprits les plus avertis.

Au XVIe siècle, les femmes de Venise stimulées par le noble désir de surpasser leurs rivales, étaient parvenues à employer des chaussures aux talons si élevés que la marche en était rendue matériellement impossible et que les pieds portaient les traces indélébiles des déformations engendrées.

En 1788, Mme Vigano, danseuse célèbre très courtisée à Vienne, était grosse; aussitôt la mode fut aux tailles épaisses et les dames portèrent des *petits ventres à la Vigano;* les élégantes torturèrent leur anatomie pour réaliser avec grâce cette étrange anomalie.

Plus près de nous, les observateurs

FIG. 36. — DIANE.

Costume époque moyen âge.

FIG. 37. — DIANE.
Modèle nu.

réfléchis ne pourraient-ils pas noter des modes aussi fâcheuses et dont l'action sur l'organisme féminin fût aussi tangible?

* * *

L'influence déformatrice des modes se perçoit sans ambiguïté sur la statuaire elle-même qui reflète la notion exacte de l'idéal féminin aux époques diverses. Il est aisé de se rendre compte de ce fait en considérant les types d'un art élevé synthétisant la beauté féminine aux divers stades de la civilisation.

La taille des Grâces antiques montre la pureté des lignes du thorax qu'aucune déformation inopportune n'est venue contrarier (fig. 31); le buste de l'Amphitrite de l'époque de la Renaissance atteste l'influence des « corps baleinés », des armatures rigides très en faveur à la cour des Médicis (fig. 32); le torse de la Diane moderne laisse nettement percevoir l'action du corset des temps contemporains qui affine,

FIG. 38. — DIANE.
Costume époque Louis XIII.

FIG. 39. — DIANE.
Modèle nu.

amincit et amenuise la poitrine féminine en lui enlevant son caractère, d'auguste et de serein épanouissement (fig. 33).

*
* *

Afin d'évaluer le « coefficient déformateur » des modes diverses, on peut revêtir de parures différentes, correspondant aux modes successives, le corps d'une même forme féminine ; l'établissement de ces schémas montre la distance qui sépare l'effigie habillée du modèle nu et l'action évidente du costume qui permet difficilement de reconnaître le même facies sous ces costumes différents (fig. 37 à 42).

La déformation du costume est *positive* et *négative* à la fois, chaque mode ajoutant un supplément inutile ou supprimant une portion tangible de l'anatomie féminine.

Le coefficient déformateur de chaque époque s'évaluera donc en prenant la résultante de ces modifications, c'est-à-

FIG. 40. — DIANE.
Costume époque Louis XV.

FIG. 41. — DIANE.
Modèle nu. Adaptations de P. Diffloth.

dire la somme algébrique de ces déformations ou plus exactement la différence entre la variation négative et la variation positive.

Par application de cette méthode graphique on reconnaîtra que notre époque — abstraction faite de la question du corset droit — est en réel progrès et que les modes actuelles s'efforcent de suivre les lignes du corps féminin sans pouvoir cependant remédier aux malformations antérieures qu'une hérédité implacable transmet aux femmes contemporaines (fig. 35 à 42).

*
* *

Les causes de dégénérescence des types ethniques purs sont donc nombreuses; à ces raisons déterminantes viennent s'ajouter des motifs particuliers exerçant une action manifeste dont nous examinerons maintenant l'influence.

FIG. 42. — DIANE.

Costume époque moderne. — Janvier 1905.

X

DE LA DISPARITION DES TYPES PURS DE BEAUTÉ

DE L'INFLUENCE DES MŒURS

La Galanterie.

Ces profils superbes, ces corps impeccables éclos fortuitement parmi la foule des laideurs et des vulgarités étaient par là-même désignés à l'attention publique.

Toute femme véritablement belle a l'exacte notion de sa valeur et le désir d'en jouir ou d'en profiter. L'immoralité des temps modernes aidant, la séduction du luxe, de l'argent, de la gloire exerçait son attrait et la beauté isolée, incitée par le désir des hommes, tombait dans la galanterie.

Or la galanterie est par son essence et son esprit mêmes la stérilité; ainsi étaient perdus pour toujours les seuls éléments esthétiques capables de régénérer la beauté disparue de la race.

Les beautés parfaites que la loi de réversion fait naître parmi les foules obscures sont immédiatement distinguées par les riches oisifs des classes supérieures et passent, dans le faux luxe et les plaisirs factices, une existence inutile et vide : la galanterie et l'immoralité humaine draînent donc vers la stérilité les éléments régénérateurs de la beauté.

*
* *

Pour que cette recherche des types purs, surgis de la multitude anonyme des femmes, pût s'exercer en toute liberté, il fallait qu'une ère de paix et de repos laissât aux libertins la quiétude nécessaire.

Cette même tranquillité des temps permettait aux courtisanes et aux voluptueux de mener sans trouble leur existence oisive et charmante. Rapidement disparaissaient ainsi les éléments de beauté apparus parmi les métissages confus ; la somme de beauté ethnique allait donc en s'affaiblissant graduellement jusqu'au moment où des guerres, des révolutions, des bouleversements sociaux permettaient la diffusion, par alliances fécondes, des éléments de beauté parfaite qui continuaient à éclore, malgré le trouble de l'heure, en vertu de la loi de réversion.

Les périodes de discorde et de lutte sont donc utiles au maintien de la beauté générale des races en évitant la totale immobilisation des principes ethniques supérieurs par le vice humain.

La paix établie à nouveau, la luxure trouvait, en ces beautés diverses apparues fortuitement, un nouvel élément de choix et voyait son ardeur s'exaspérer.

Ainsi se produisait ce fait souvent remarqué — mais faussement interprété — que les temps des guerres sont suivies de périodes de paix d'une perversion intense et d'une immoralité flagrante.

« On ne s'est jamais tant aimé que sous la Terreur, » non par esprit de réaction ou de contraste, mais parce que le vice humain immuable et fatal trouvait de nouvelles proies dociles parmi les beautés écloses des facies purs surgis durant la Révolution.

*
* *

L'histoire esthétique des peuples peut donc se classer en périodes troublées par la guerre et la discorde où des types purs de beauté apparus fortuitement exerçaient leur influence rénovatrice et en périodes de paix et de tranquillité où l'homme imbécile s'efforçait de conduire vers la stérilité les beautés parfaites.

*
* *

Les nations les moins belliqueuses, les pays neutres, la Suisse, la Belgique, etc... sont donc destinés à parvenir les premiers à cet état de médiocrité esthétique générale où les types confondus réaliseront ce « métis européen » dont les anthropologistes nous prédisent la venue.

FIG. 43. — AGNÈS SOREL.
Musée de Versailles.

*
* *

La République a beaucoup aidé à l'immobilisation et à la destruction de ce capital esthétique en démocratisant le vice et la galanterie.

Autrefois les belles filles étaient destinées à la couche royale ou seigneuriale; cette coutume, bien qu'arbitraire, pouvait encore se justifier par la supériorité esthétique incontestable du mâle qui en profitait; on pourrait même prétendre que le droit de « cuissage » contribuait à maintenir le niveau esthétique des foules que le dur labeur ou les lourdes misères tendaient à abaisser. Les Agnès Sorel, les Marie Touchet, les Diane de Poitiers, les Gabrielle d'Estrées, les Lavallière, les Montespan, les Châteauroux (fig. 43, 44)... par la procréation de bâtards royaux, servirent à constituer de précieuses lignées où vinrent se greffer les rameaux affaiblis des familles royales.

FIG. 44. — MARIE TOUCHET.
Musée de Versailles.

Actuellement il n'en est plus ainsi, le premier rustre venu peut aspirer à la possession de Laïs ou d'Aspasie et cette démocratisation du noble péché de luxure augmente la probabilité de disparition — par galanterie et stérilité — des types purs éclos parmi la foule des métis.

XI

DE L'INFLUENCE DES MŒURS

Des Conditions esthétiques du mariage moderne.

On sait la curieuse théorie édifiée par Schopenhauer pour expliquer la cause déterminante des unions.

L'homme est incité à l'amour uniquement par le désir de s'assurer une descendance. Pour conférer au fruit de son alliance avec la femme une supériorité vitale incontestable, il dirige inconsciemment son choix vers l'être féminin qui présente dans son essence même les qualités opposées à ses propres défauts.

Tout homme amoureux cherche à se compléter, à se compenser ; une force inconnue le détermine — sans qu'il s'en doute — à guérir, dans la compagne qu'il élit, les défauts qu'il présente.

C'est ainsi que les hommes de petite taille aiment les grandes femmes, les jeunes gens peu musclés préfèrent les beautés opulentes, les blondes réalisent l'idéal des bruns... ; chaque humain recherche dans la femme rêvée les qualités antithétiques ou complémentaires des siennes.

Cette loi psychologique vient ajouter son action aux influences néfastes du métissage général ; nous avons vu qu'il n'y avait pas *fusion* des caractères, mais *juxtaposition*; or la juxtaposition paraît d'autant plus anharmonique et hétérogène que les particularités physiques des êtres unis sont dissemblables et opposées, ce qui serait — d'après Schopenhauer — le cas général.

L'esprit même dans lequel est conçu le mariage exagère donc la propension naturelle du métissage à former des types « décousus » en unissant des facies non appareillés, présentant les caractéristiques les plus distantes.

*
* *

Les mœurs, d'ailleurs, mettent un obstacle évident au rapprochement des types appareillés ; le mariage moderne est entouré de considérations étrangères à la notion abstraite du beau et la probabilité d'union légitime des beautés parfaites, masculine et féminine, écloses parmi la médiocrité générale, demeure bien faible. Le luxe est le « frère de l'Amour » ; une jolie fille consciente de sa beauté préférera au jeune étalon de stature impeccable et de profil superbe, l'homme disgracieux, mûr et replet, capable néanmoins d'assurer l'aisance nécessaire à l'épanouissement de son charme ; le séducteur moderne placera sur ses propres yeux le bandeau symbolique de l'Amour pour épouser avec empressement une riche héritière sans grâce ni beauté.

*
* *

Les beautés féminines se marient difficilement, s'il faut en croire de doctes philosophes. « La femme qui plaît aux hommes n'est pas la femme belle ; la beauté n'a pas d'influence sur l'homme [1]. » De telles assertions semblent audacieuses ; il n'est aucun homme qui ne sente la puis-

1. Rufford, Payke, A. Faguet. *La Femme d'aujourd'hui.*

sance de la beauté et ne désire la possession d'un corps impeccable, mais si le cœur avait — au temps de Pascal — des raisons que la raison ignore, à notre époque, la froide raison dompte les sens et montre aux hommes les inconvénients de ces unions.

Une femme belle est « un objet de culte, une chose de luxe » ; il faut à ce bijou l'écrin mérité et les difficultés croissantes de la vie moderne font réfléchir maint amoureux. Balzac n'a-t-il pas dit que les meilleures conditions, dans le mariage, étaient réalisées lorsque la femme unissait à une grande douceur d'âme une laideur supportable?

Les riches seuls peuvent s'offrir le luxe d'une jolie femme, dit-on banalement, et cette sélection étroite diminue pour les types ethniques purs les chances d'union féconde ; ainsi sont vouées au célibat, par un nouveau motif déterminant, les femmes capables de régénérer nos types abâtardis.

*
* *

En supposant que deux types purs s'unissent, cette alliance ne présenterait qu'une fécondité relative ; les mœurs actuelles prêchent la stérilité totale ou partielle parmi les unions légitimes.

Aucune jolie femme n'ignore sa beauté que lui révèlent chaque jour le désir des hommes et le mépris des femmes ; or il est de connaissance vulgaire que la maternité détruit la fleur de cette beauté.

Les théories paradoxales de la « maternité consentie » exercent graduellement leur action et la femme, pour se conserver belle, renonce à toute descendance ou consent seulement à une progéniture réduite, laissant ainsi improductif le précieux capital esthétique que lui avait confié la nature pour la sauvegarde de la beauté humaine.

XII

DE L'INFLUENCE DES MŒURS

Le Féminisme.

Il importe de distinguer ici les deux formes synthétiques du féminisme : le féminisme sentimental des nations septentrionales, le féminisme social du Nouveau Monde.

*
* *

Le féminisme social a certes aidé à la dégénérescence de la beauté en imposant aux femmes des besognes auxquelles la nature ne les avait aucunement destinées.

Passer de longues heures courbée au-dessus du clavier d'une machine à écrire ou devant un tableau téléphonique favorise peu le parfait épanouissement de la beauté. Les études complexes nécessitées par les examens aident difficilement la croissance normale des organismes féminins.

Le danger est d'autant plus sérieux qu'une sélection « administrative » fait porter sur les types les plus parfaits les fâcheuses conséquences de cette évolution.

Dans le choix des candidatures féminines la valeur intellectuelle n'est pas le seul facteur déterminant ; les jolies femmes ont un coefficient de réussite certainement plus élevé que leurs camarades disgracieuses et, malgré « la nuit du 4 août », le droit du seigneur s'exerce librement partout où des hommes surveillent le travail des femmes.

Ce sont donc les types esthétiques supérieurs qui subissent plus intensivement l'influence dépressive du féminisme social.

L'action néfaste de ces situations défavorables peut-elle être contre-balancée par une amélioration des conditions ordinaires de l'existence : meilleure alimentation, luxe modeste, permettant l'accomplissement des préceptes hygiéniques?

Ceci paraît douteux. L'utilisation des femmes aux emplois réservés autrefois aux hommes a pour conséquence inéluctable la baisse des salaires; le gain familial obtenu par le couple n'augmente pas en proportion du double effort fourni; le féminisme social est une erreur économique en même temps qu'un danger ethnique.

*
* *

Le féminisme sentimental est venu ajouter un nouveau motif de stérilité aux causes d'infécondité volontaire occasionnées par la « galanterie », la « maternité consentie ».

Nous avons vu que les types purs formés par le libre jeu de la Loi de réversion parmi la foule des métis étaient, par la raison même de leur supériorité esthétique, sollicités par le vice, ou destinés aux mariages « de raison ».

Or il s'est trouvé des femmes remarquables par la beauté et l'esprit qui ont refusé tout compromis et à la galanterie vénale, au mariage sans amour ont préféré l'isolement physique et social.

Puisque leur supériorité esthétique les condamnait à « des fonctions » auxquelles elles répugnaient, ces femmes ont érigé la stérilité volontaire en dogme intangible ; elles sont devenues le troisième sexe — les spinsters — le sexe qui ignorera l'homme et qui ne sera jamais créateur, « le sexe du cerveau et de la volonté » (M. Provins).

Ainsi la race humaine tend vers cette forme de société — réputée parfaite par certains esprits — où la spécialisation des aptitudes et des rôles a créé, à côté du mâle et de la femelle, un troisième type : le neutre ; société dont les abeilles, les bourdons, les guêpes, les fourmis, les sphex, les osmies, etc..., nous offrent des modèles achevés.

*
* *

Ce serait une erreur de penser que les adeptes de cette nouvelle école soient fatalement dépourvus de grâce et de beauté. La générosité et la grandeur indiscutables des théories féministes peuvent séduire sans qu'aucune arrière-pensée de jalousie, de misanthropie ne conduise dans les rangs accrus de l'armée des spinsters les femmes dépourvues de toute grâce personnelle.

L'alternative de plus en plus nettement affirmée de choisir entre le vice et le mariage contraint conduira vers le féminisme, c'est-à-dire vers la stérilité consciente un contingent de plus en plus considérable de facies impeccables.

XIII

DES SUCCÉDANÉS DE LA BEAUTÉ

De la Grâce. — Du Charme. — De la Distinction.

La disparition des types ethniques purs s'est manifestée confusément à l'esprit de l'homme, et devant cette déchéance l'imagination humaine s'est complue inconsciemment à composer des contingences destinées à suppléer partiellement à l'idée de la beauté dont la claire signification s'atténuait.

Les poètes ont alors célébré la *joliesse* des femmes, la *grâce* des corps féminins, le *charme* des visages, la *distinction* des attitudes, le *chic* des allures.

*
* *

Alors qu'on peut encore reconnaître quelque valeur précise et définie aux termes *joliesse, grâce, charme*, il faut avouer que rien n'est plus conventionnel que la signification de *distinction, chic,* etc. ; ainsi se révèle la pauvreté des truchements dont l'homme a dû tromper son éternelle recherche de la beauté.

*
* *

Le *joli* n'est qu'une atténuation du beau, une dérivation vers la délicatesse, la finesse.

Alors que la beauté est inéluctablement une impression d'ensemble, la joliesse peut se manifester par un détail : des yeux d'une nuance rare, des lèvres finement modelées, une boucle de cheveux sur la nuque, etc.

L'homme subit l'empire despotique du beau avec une sorte d'admiration qui peut aller jusqu'à la contrainte, l'angoisse; c'est presque un choc, un frisson, un anéantissement voluptueux de tout son être devant ce « sourire des dieux ».

La joliesse est plus humaine, moins divine; elle est amicale et très douce, plus souriante et moins majestueuse.

*
* *

On établit communément une distinction toute factice en faisant correspondre la beauté aux lignes du corps et la joliesse aux traits du visage. Il importe de détruire ces fausses compréhensions; des corps de femme peuvent être jolis sans beauté et certains visages resplendissent d'une réelle beauté.

C'est de la joliesse qui émane des statuettes de Tanagra, la Vénus de Milo est incontestablement belle.

La beauté est en elle-même indiscutable et impersonnelle; sa puissance s'impose à tous avec la même force et la même certitude ; la notion du joli est plus variable, plus personnelle. Il est aisé de comprendre qu'un détail esthétique ou une particularité de conformation ne prennent de l'importance qu'en vertu du prix que leur accordent les goûts ou les préférences des critiques.

*
* *

A proprement parler, la *grâce* réside dans l'harmonie des gestes, l'eurythmie des attitudes; tandis que la beauté est

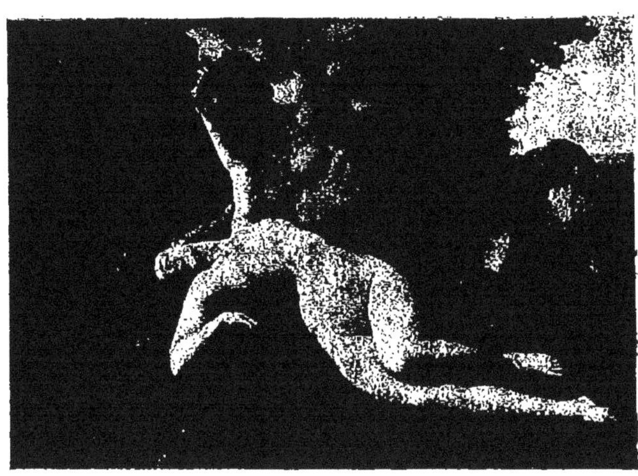

FIG. 45. — STATION HORIZONTALE AVEC EXTENSION DU TRONC.
Satyre jouant avec une Nymphe (Gervex).

une valeur « passive » qui peut s'apprécier au repos, la grâce exige l'activité et ne s'apprécie que dans la cadence du mouvement ou dans la représentation exacte de ce mouvement.

L'influence du milieu, des mœurs, des modes sur la physionomie des gestes est indiscutable. La courtisane antique, drapée dans son péplum et chaussée de cothurnes, avait une grâce toute différente de la Parisienne sanglée dans un corset droit et dressée sur ses talons Louis XV.

Les vêtements souples et flottants des peuples méridionaux permettent le jeu harmonieux des mouvements que les lourdes parures des nations septentrionales paralysent ou dénaturent.

*
* *

La grâce présente sur la beauté le privilège de la

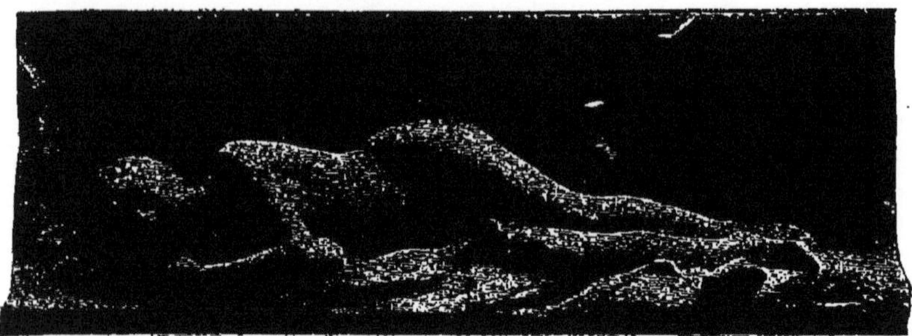

FIG. 46. — STATION HORIZONTALE HANCHÉE.
La Seine (Denys Puech).

durée; les proportions du corps, le modelé du visage peuvent lentement se modifier et perdre leur régularité; la grâce, « cette rigoureuse et précise conformité du corps à la nature de l'action », subsiste malgré les ans; son caractère mécanique, mathématique en quelque sorte, lui permet de se maintenir intégralement puisque la relation entre les diverses parties du corps, la souplesse des articulations constituent une propriété foncière et intangible de l'organisme lui-même.

*
* *

On peut définir la grâce *la beauté du mouvement;* de même que la beauté, une en son essence et diverse dans ses représentations, la grâce se manifeste à nous avec une variété surprenante. Il n'y a pas deux femmes qui aient exactement le même geste pour écarter de leur front une boucle de cheveux; les Hellènes qui n'avaient qu'une déesse de la beauté, dressèrent à l'admiration des peuples les trois corps sveltes des Grâces.

*
* *

La grâce est exactement le privilège du sexe féminin.

On peut se demander pourquoi les hommes n'apportent pas dans l'accomplissement des gestes quotidiens et la conservation des attitudes ordinaires la même cadence noble, la même harmonie cachée.

Il y a chez les femmes un don naturel, une recherche personnelle du rythme juste que la nature a complaisamment aidé. En effet, les muscles de la femme, même vigoureusement développés, ne présentent jamais au moment de la contraction des profils accentués et nettement saillants; le fait peut se constater même parmi les types athlétiques : lutteuses et écuyères. Par suite de l'épaisseur du panicule adipeux, le modelé du corps féminin garde toujours les lignes doucement arrondies et les contours moelleux qui plaisent à nos yeux.

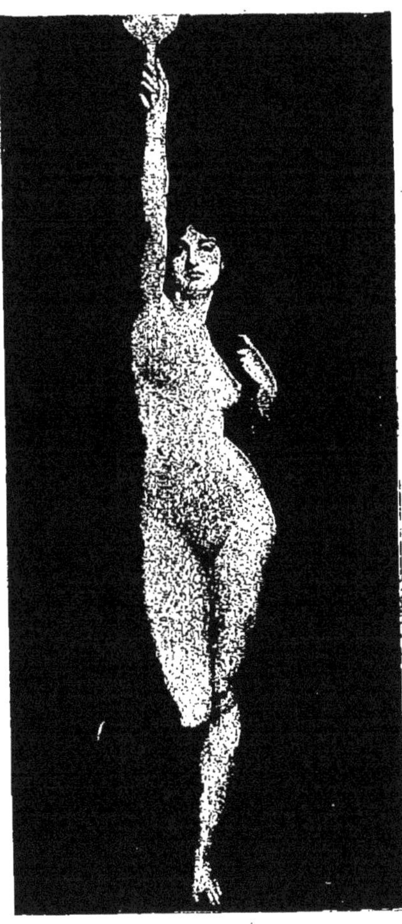

FIG. 47. — STATION VERTICALE DANCHÉE.
La Vérité (Jules Lefebvre).

Le développement réduit de leur force musculaire permet aux femmes d'envelopper leurs mouvements d'une douce hésitation, d'une lenteur attentive qui en accroissent la grâce particulière. La marche de l'homme est rapide, brève, saccadée ; on pressent une force sûre d'elle-même qui va droit au but ; la démarche de la femme est onduleuse, cadencée, révélant ainsi, même dans les gestes les plus ordinaires, la recherche de la beauté qui caractérise son esprit.

*
* *

En vertu d'une sorte de prescience et d'intuition divine, la femme connaît d'ailleurs les poses et les attitudes qui sauront mettre en valeur les caractères particuliers de sa beauté.

Tout en ignorant les lois de la physiologie et de l'anatomie, les femmes savent que l'extension du tronc augmente la beauté des formes ; la peau plus tendue, l'abdomen plus plat, le thorax saillant, les seins élevés et affermis, les reins creusés placent les lignes du corps dans la situation la plus favorable (fig. 45).

Par contre, la beauté du corps fléchi est plus rare à réaliser et cette attitude, pour être trouvée belle, exige des formes absolument parfaites ; aucune femme ne se présentera volontairement et sciemment dans cette station.

La grâce se révèle également dans la station droite « nonchalante » ou « hanchée » ; cette dernière attitude fait doucement ressortir la ligne du bassin et des hanches, et se place ainsi parmi les gestes les plus harmonieux de la beauté féminine. Aussi la statuaire utilise-t-elle fréquemment cette disposition du corps féminin (fig. 46).

Tandis que l'attitude verticale droite exige la perfection des formes, la position hanchée peut dissimuler de légers défauts (fig. 47).

La station couchée est l'une des plus harmonieuses, la femme ne l'ignore pas, et Balzac déclare dans sa *Physio-*

FIG. 48. — Mlle DE SOMBREUIL.
Musée de Versailles.

logie du mariage, sans aucune intention profane d'ailleurs, que « la position horizontale est celle que la femme affectionne le plus ».

*
* *

La nature unit toujours dans son esprit la beauté et la puissance.

Les gestes gracieux sont toujours les plus rationnels; une attitude élégante suppose une grande économie de force et généralement un geste agréable correspond au mouvement le mieux adapté à une fonction particulière (D. Toulouse).

La femme, à ce point de vue particulier, manifeste donc une supériorité évidente sur l'homme.

*
* *

Le charme réside plus particulièrement dans l'expression du visage. De l'agencement des traits, du contraste des nuances, de certains rapprochements involontaires résulte un ensemble synthétisant la douceur, la poésie, l'intelligence, la pudeur, la bonté; c'est toujours par un de ces attraits qu'un visage charme (fig. 48, 49).

Là encore une éducation préalable est nécessaire pour apprécier comme il sied, le charme des visages et l'impression ressentie est rarement d'un caractère général;

chacun voit dans un visage charmant, le reflet de son propre désir.

*
* *

Tandis que la beauté exige l'harmonie parfaite des traits, le charme résulte parfois au contraire d'une dissonance, d'un contraste; des yeux petits peuvent plaire par la profondeur du regard. Une irrégularité flagrante cause dans des situations particulières une impression agréable; *le charme est la revanche de l'asymétrie.* « Des imperfections, par un bonheur inexplicable, ne gâtent point parfois le charme de l'ensemble et le caractère même de ce charme peut être en contradiction avec chacun des éléments qui le composent [1]. »

Encore que très imprécis dans ses manifestations, le charme n'a pas échappé à la tendance des hommes à tout classer et cataloguer, et depuis longtemps on a isolé le « charme langoureux » des blondes, du « charme piquant » des brunes.

FIG. 49. — TÊTE DE GREUZE.
La Cruche cassée.

*
* *

Avec la *distinction* nous pénétrons résolument dans le domaine du factice et du conventionnel. Le mot est d'ailleurs mal choisi et dévié de son sens propre.

1. A. Hermant. *Confession d'un homme d'aujourd'hui.*

La distinction est une expression prise à dessein pour se composer une attitude; selon les époques, les modes, l'expression choisie varie et se transforme...

Au beau temps du romantisme, il était distingué d'être phtisique et de tousser fréquemment en de fins mouchoirs brodés; sous l'Empire, la distinction était souriante et majestueuse; de nos jours, elle se teinte irrémédiablement de raideur et de mélancolie.

La distinction disparaît d'ailleurs de nos mœurs, parce qu'à notre âpre époque de lutte pour la vie, on n'en pratique plus comme autrefois l'ostentation inutile et charmante.

*
* *

Le chic ne désigne plus le type lui-même, mais l'enveloppe qui le pare; ainsi l'homme a-t-il été amené à préserver ses illusions par le mensonge trompeur du costume.

L'attitude évidemment joue quelque rôle dans ce que l'on est convenu d'appeler le chic, le galbe; mais combien factice apparaît la supériorité de cette « fausse aristocratie de l'art ».

Les ignorants seuls s'en tiennent aux apparences du costume, et, impuissants à juger le fond de la toile, ne s'occupent que du cadre.

« Est-ce à dire qu'on ne doit prêter aucune attention à la toilette et tenir pour négligeable le chic ou l'élégance? Évidemment non. D'abord de deux formes à peu près égales, la mieux habillée est la plus séduisante; l'élégance de la toilette constitue un excitant parce qu'elle prouve les soins donnés à la beauté, qu'elle accuse, à peu d'exceptions près, ce souci de l'hygiène qui est la première des conditions d'existence de la jolie femme.

« Le vêtement prête à la forme un aspect, une manière d'être qui a sa beauté propre ; habillée, une jolie femme est une œuvre d'art qui se renouvelle comme un parterre de fleurs. D'une part, la toilette met en relief la beauté naturelle, la beauté fruste ; de l'autre, grâce à la variété des arts de la mode, à la souplesse de leur invention, de leurs caprices, elle corrige ou efface les imperfections, elle va jusqu'à atténuer les effets de la laideur, en en changeant la perspective ; elle crée en un mot une beauté *de convention...* [1]. »

C'est ainsi que nous devons apprécier le chic à sa juste valeur, comme un correctif ou un amplificateur.

1. M. Barrière. *L'art des Passions.*

XIV

DE LA RACE

La *race* définit, au point de vue esthétique, une vertu réelle, une supériorité ethnique dont l'empreinte est nettement perceptible. Il faut entendre ici l'influence de conditions sociales spéciales, exerçant parmi les types humains une sélection particulière, dirigeant le facies général vers une orientation définie par l'esprit même des civilisations aux diverses

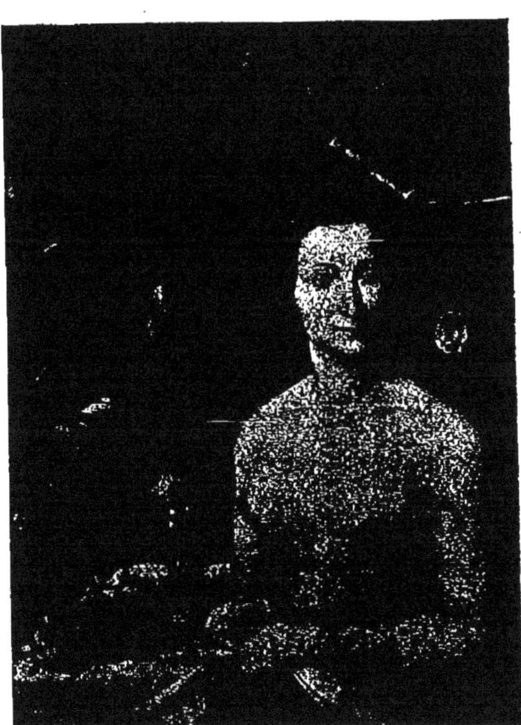

FIG. 50. — TYPE DE RACE. XVIe SIÈCLE.
Diane de Poitiers.

époques considérées.

*
* *

On conçoit aisément que les couches sociales supérieures, préservées des soucis ordinaires de la vie médiocre et placées par leur situation même à l'abri des misères, des maladies, des labeurs déprimants, aient pu éviter ainsi les tares et les déchéances physiques engendrées par ces souffrances.

FIG. 51. — TYPE DE RACE. XVII° SIÈCLE.
Duchesse de Nemours.

A ces conditions toutes spéciales se joignit la pratique d'une étroite consanguinité, ces familles, au cours des nombreuses générations, ne contractant des alliances qu'avec leurs égales.

La reproduction en consanguinité qui a donné tant de résultats féconds en zootechnie et permis de constituer des races aussi affinées que les pur sang anglais, les bovidés Durham, les ovidés Dishley, etc., peut certes avoir contribué à fixer parmi les variétés humaines les types de race, dans toute leur précision.

Ainsi se constituèrent des élites esthétiques où l'éducation, le bien-être, le luxe exercèrent des actions différentes selon les conditions mêmes de la vie sociale aux temps différents de notre histoire.

*
* *

Au moyen âge, sous la Renaissance, la noblesse s'adonnait aux guerres, aux tournois, à la chasse; l'aisance était large, la vie somptueuse dans les demeures seigneuriales; la sélection s'exerçait ainsi, dans le sens de la force élégante, de la puissance aimable. Aucune époque n'a créé de types de race aussi précis que le XVIe siècle : c'est à la cour de Henri II, de François II, de Charles IX, de Henri III que brillèrent les caractères ethniques les plus parfaitement orientés vers la force vitale, la passion ardente, la fougue amoureuse.

FIG. 52. — TYPE DE RACE. XVIIIe SIÈCLE.
Mme de Pompadour (La Tour).

Il suffit de considérer un instant les portraits des femmes de cette époque pour avoir l'intuition de l'esprit même de la « race » parmi les types féminins au XVIe siècle ; l'ardeur d'un sang généreux, la fièvre de vivre, la gloire d'aimer, la passion des combats se lisent sur ces larges fronts polis, sur ces yeux fins et fiers parmi les plis de la bouche hautaine et altière (fig. 50).

*
* *

A la cour de Louis XIII, de Louis XIV, la minutie de l'étiquette, la recherche du décor, orientèrent l'esprit de la « race » vers la majesté des attitudes, la lourdeur somptueuse du port.

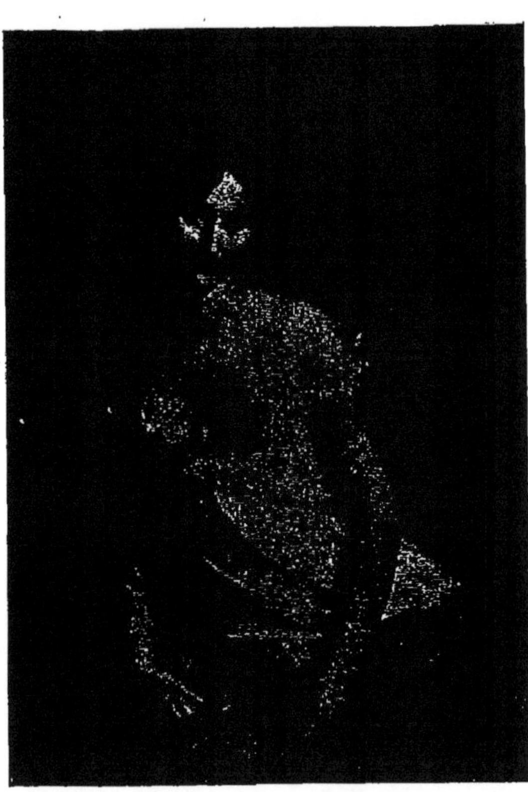

FIG. 53. — TYPE DE RACE. « RESTAURATION. »
Mme Récamier (Gérard).

Les réceptions à la cour marquaient plus par le luxe éclatant et fastueux des parures, la beauté majestueuse et imposante des femmes que par la finesse et la délicatesse

FIG. 54. — TYPE DE RACE. « MONARCHIE DE JUILLET. » P^sse de Saxe-Cobourg-Gotha (*Winterhalter*).

des détails. On est surpris en constatant les portraits des grandes dames du XVIIe siècle, célèbres par leur beauté, de reconnaître le dessin un peu rude des traits et l'ampleur des proportions.

Par atavisme pur, quelques-uns de ces types se sont transmis jusqu'à nous, facilement reconnaissables « par une certaine puissance de charpente, une certaine grossièreté de l'ossature et la hardiesse outrée de certaines courbes, notamment de celle du nez [1] (fig. 51) ».

Il serait puéril cependant de croire que les signes de race ont conservé à travers les siècles ces caractères de fixité.

*
* *

A mesure que se dessinent les premières inquiétudes de la tourmente révolutionnaire et que la vie seigneuriale

1. Abel Hermant. *Loc. cit.*

perd de son faste et de sa sécurité, la « race » s'affine et prend ce caractère de charme apeuré, inquiet, léger et frivole que synthétisent si bien les types des marquises du XVIIIe siècle. Beautés fragiles et factices d'une époque mensongère et trompeuse, où la femme cachait sa taille sous les paniers soyeux, voilait son teint sous la poudre et modifiait l'expression du visage à l'aide des mouches..... (fig. 52).

*
* *

Chaque période de notre histoire a contribué à la création d'un type de race où l'esprit même des institutions, l'allure spéciale des mœurs modelaient fidèlement à leur image les corps et les âmes, car « les âmes sont écrites sur les visages » ; la « beauté » sous la Restauration était légère, vaporeuse comme les mousselines et les écharpes qui la paraient[1] ; on retrouve dans la noblesse du second Empire du Maréchal de Napoléon Ier et du Louis-Philippe dans un encadrement de chevelures et de barbes savamment jardinées mis

FIG. 55. — TYPE DE RACE. XXe SIÈCLE.
Genre Français, d'après Helleu.

1. Cte de Comminges. *L'Élection sentimentale.*

FIG. 56. — TYPE DE RACE. XXe SIÈCLE.
Genre Américain, d'après Gibson.

à la mode par les préfets de Napoléon III[1]; le type bonapartiste est grand, large d'épaules, un peu voûté, la tête en avant, prêt à foncer sur l'ennemi; la race, sous la monarchie de Juillet, était d'essence bourgeoise; de nos jours, la « race » se révèle par une proportion gracile des traits, une stature mince et souple, une pâleur atténuée et l'air mélancolique qui sied à une aristocratie à son déclin.

« La force des faibles, toute d'esprit, a pénétré la force des forts, toute de muscles. Ces derniers, dont le nombre diminue à mesure que le temps s'augmente, se subordonnent fatidiquement à ceux qu'ils tenaient, aux aubes de la vie, en servage et qui maintenant les cernent invinciblement ; le muscle est sacrifié et c'est l'esprit, force des faibles, qui prédomine à jamais; le gnome instruit et gouverne le monde [2]. »

*
* *

La femme « de race » est actuellement grande, svelte, avec des attaches d'une légèreté remarquable; la démar-

1. Abel Hermant. *Loc. cit.*
2. G. Pioch. *L'Impuissance d'Hercule.*

che a gardé un peu de la grâce des révérences de cour.

L'extrême petitesse de la tête, considérée comme l'apanage des races privilégiées, est ici perceptible; les yeux sont fins et tristes, l'ovale allongé; le nez présente un dessin et un modèle d'une grande pureté (fig. 55 à 57).

Appartenant à un type très évolué et par conséquent très affiné, les pigmentations seront atténuées; les yeux : clairs, « de ce bleu particulier aux races finissantes[1] », les cheveux : blonds; il est courant d'entendre dire que les femmes blondes seules sont distinguées.

Un des signes de race les plus évidents réside dans la souplesse des cheveux et le dessin régulier du nez parfois accentué. On serait tenté de mesurer le degré de race d'un type à ces derniers traits; l'expression « nez *très racé* »[2] est significative à notre époque.

FIG. 57. — TYPE DE RACE. XXe SIÈCLE.
Genre Anglais, d'après Standlaws.

En examinant comparativement les types de race que dressent les dessinateurs et les artistes des différentes nations, on retrouve sans peine ce même caractère de gracilité, de mièvrerie, de fragilité, de « trop affiné », perceptibles à un égal degré chez les pointes sèches de Helleu (France), les dessins de Gibson (États-Unis d'Amérique), et les sanguines de Standlaws (Angleterre) (fig. 57 à 59).

1. Claude Ferval. *Vie de château.*
2. Cte de Comminges. *Loc. cit.*

La conception féminine réalisée par les caricaturistes d'une époque n'est pas sans valeur documentaire.

FIG. 58. — TYPES DE RACE « AMÉRICAINS ». d'après Gibson.

Le satiriste voit mieux et plus loin que le peintre préoccupé de plaire au modèle, de rester fidèle à sa « manière » et que le photographe soucieux d'une « expression agréable » et d'un rajeunissement visible. Les dessins de Bac, de Guillaume, de Cardona, de Guydo de Prejelan, de Gosé, d'Iribe..... sont à ce titre précieux et précis. A travers la conception personnelle de chaque dessinateur, on voit se dessiner nettement la silhouette fine, élégante et fragile de la Française de race au début du XXe siècle (fig. 80 à 90).

*
* *

Les caractères actuels de la « race » ont perdu le prestige et l'autorité qui les signalaient autrefois à l'admiration générale. A une époque où les seules manifestations de la force résident dans les sports, factices déploiements musculaires, et où les conditions sociales et mondaines laissent peu de place à la « culture » de la beauté, la sélection tend à créer un type aristocratique sans vigueur musculaire ni expression élevée. Par une fausse compréhension de la notion de race, la maigreur est même devenue nécessaire à cette manifestation. Stendahl remarquait déjà qu'en France il fallait être maigre pour paraître élégant, « tandis qu'en Italie on pense avec raison que la première condition de beauté est l'air de santé sans laquelle il n'est point de volupté ».

FIG. 59. — TYPES DE RACE « ANGLAIS ».
d'après Standlaws.

La fatigue des castes trop affinées est visible actuellement chez les femmes de race. Le « sang bleu » n'est pas une vaine métaphore et même parmi les nations jeunes, aux États-Unis, par exemple, les femmes de « race », celles dites « Knickerboker », attestent par la fragilité de leur teint, la grâce mièvre de leurs attitudes, l'état de « nervous prostration » qu'elles avouent d'ailleurs volontiers.

*
* *

Les femmes doivent à la « race » leur plus sûr moyen de séduction; une grande dame a toujours trente ans pour un bourgeois. Le « tempérament » est souvent en proportion de la race; c'est ensuite l'éducation qui en atténue le caractère animal pour n'en laisser subsister que l'exquis, que la forme artiste.

*
* *

Il est utile de séparer la race de la distinction. La distinction est une science apprise et artificielle qui se révèle plutôt par les attitudes; la race est innée et se manifeste par les traits du visage et l'harmonie générale des lignes du corps.

La « race » est essentiellement différente de la distinction apprise, surajoutée, « pareille à une greffe qu'on reconnaît toujours à quelque boursouflure ou dépression de la tige ».

*
* *

Par suite de l'étroite consanguinité sociale qui présida à leur création, les types de race possèdent une puissance héréditaire individuelle considérable, leur permettant de maintenir cette supériorité ethnique en dépit de quelques mésalliances. Il est manifeste, que la noblesse actuelle a gardé tous ses traits distinctifs « malgré les oublis d'antichambre » (A. Hermant) [1].

On peut donc regretter que des considérations mondaines, sociales, alliées à une diminution évidente de leur vitalité et de leur fécondité, viennent restreindre le rôle améliorateur des types de race.

1. A. Hermant. *Souvenirs du Vte de Courpière.*

XV

DE LA DÉMARCHE

La grâce et l'harmonie de la beauté se révèlent par les inflexions et les souples mouvements des parties constitutives du corps. La caractéristique la plus tangible de cette perfection esthétique est sans contredit la *démarche*.

La souplesse du corps, l'heureuse liaison des membres se manifestent dans le balancement onduleux de la taille d'où les anciens avaient tiré la comparaison de la marche des déesses sur les nuées. Rien n'est plus expressif que la démarche d'une femme; on peut déduire de cette observation non seulement « le sens des lignes et la qualité d'une forme, mais encore son rang, son éducation, ses instincts d'élégance et jusqu'à son penchant à la volupté » (M. Barrière).

*
* *

Il y a mille façons de marcher, il n'existe qu'une démarche harmonieuse; celle qui a fait dire à Virgile : *Dea incessu patuit*... « et l'on reconnut la déesse à sa démarche ».

C'est le joli mouvement qui constituait le « *bel air* » au XVIIe siècle et le « *tour* » au temps des Richelieu et des Lauzun.

Les Espagnols désignent sous le nom d'*andadura* cette cadence rythmée du corps féminin; les jeunes Vénitiennes qui promènent leur indolence sur le quai des Esclavons, présentent sous leur long châle en pointe cette même ondulation harmonieuse des hanches; « on ne foule pas impunément depuis des siècles les marches des palazzios et les dalles des piazettas » (J. Lorrain).

Le balancement de la hanche, le « *ghoung* » des femmes Fellahs, alourdit d'une grâce particulière leur démarche fière, et les belles Tagales aux îles Philippines ont une ondulation du torse si lascive que les moines espagnols se sont souvent élevés en termes véhéments contre la provocation de cette démarche.

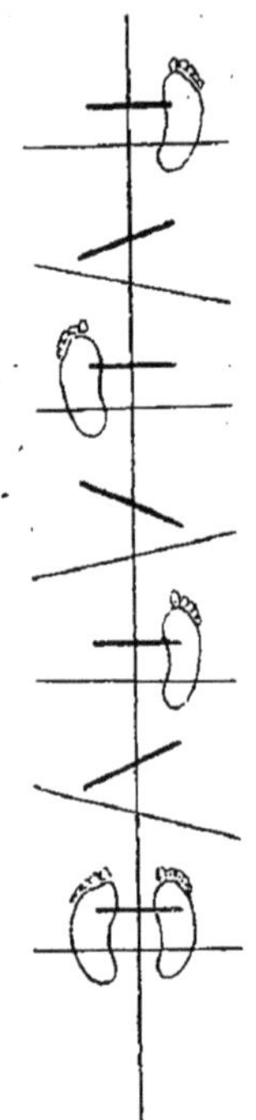

FIG. 60. — SCHÉMA DE LA DÉMARCHE FÉMININE.

D'après le Dr Richer.

▬ *Direction des épaules.*

— *Direction des hanches.*

*
* *

La démarche des femmes paraît être, à première vue, sous la dépendance étroite des caractères de races. On parle souvent de la silhouette onduleuse des Espagnoles, de la raideur britannique et de la gracilité fragile et menue de la démarche des Françaises. Ces différences, en réalité, tiennent à l'influence tyrannique des modes; l'harmonie « mécanique » de la beauté demeure, en réalité, constante sous les cieux divers; l'art du vêtement seul vient imposer sa contrainte et gêner son libre épanouissement.

Les souples parures espagnoles laissent la taille plus libre que les costumes français, et l'usage des talons bas enlève toute grâce à la démarche anglaise. « C'est seulement à l'âge précis où leur beauté précoce

FIG. 61. — LIAISON DU BUSTE ET DES HANCHES.
Réalisée par le corset droit.

se flétrit dans l'embonpoint que les femmes d'Orient perdent l'eurythmie de leurs attitudes, et ne présentent plus que l'aspect d'une silhouette emmaillotée, aux chevilles grasses, aux hanches épaisses qui se meut avec lenteur, sans traîner dans sa démarche cette petite vibration houleuse qui fait palpiter le cœur des hommes » (Y. Vernon)[1].

La discussion critique de la démarche doit se placer en dehors des contingences d'âge et de milieu.

*
* *

L'influence du vêtement sur la démarche demeure incontestable, et pour les populations européennes civilisées, toute la question de la démarche réside dans celle du corset.

L'harmonie de la démarche féminine est caractérisée par la souple ondulation du buste sur la base des hanches que le mouvement des jambes fait très légèrement osciller.

Pour rétablir l'équilibre à chaque instant détruit par la marche — chute infiniment retardée — les hanches se déplacent latéralement, tandis que la taille exécute une légère rotation en sens inverse pour maintenir le plan de symétrie du corps (fig. 60).

On voit qu'aux appuis unilatéraux, la direction des épaules croise celle des hanches; l'épaule gauche par exemple se porte en avant en même temps que la hanche

1. Y. Vernon. *Terres de lumière.*

droite, tandis que le tronc exécute une légère rotation. Ces mouvements, pour s'exécuter dans toute leur admirable souplesse et leur juste mesure, exigent la liberté absolue de la taille et des hanches; le corset emprisonnant le buste de la femme et le liant au bassin pour former un ensemble rigide, contrarie cette cadence harmonieuse et rythmique.

Les modes modernes ont donc pris le contre-pied du sens esthétique de la démarche; alors que la taille laissée dans toute sa liberté doit tourner et osciller légèrement sur la base des hanches déplacées en sens inverse, c'est actuellement le buste rigide et immobilisé qui souligne le roulement exagéré des hanches. Il y a plus : le corset droit, abandonnant l'empire des régions supérieures de la gorge, établit désormais sa tyrannique domination sur des portions de jour en jour accrues des hanches et des cuisses; ces modifications sensibles ont pour effet de rendre encore plus solidaires les deux régions du corps dont l'harmonieuse opposition accentuait le rythme de la démarche (fig. 61).

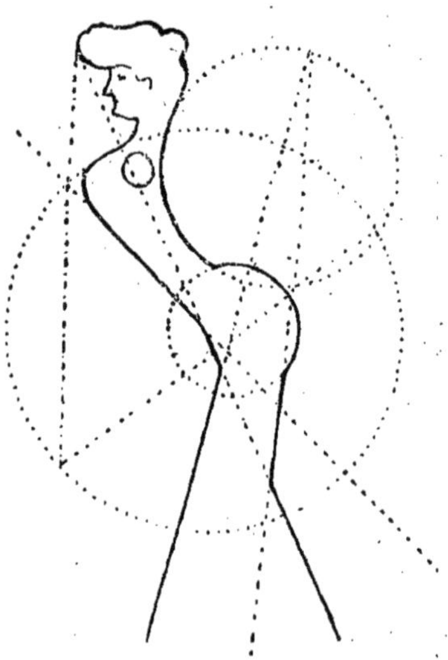

FIG. 62. — LA « GÉOMÉTRIQUE » DE LA FEMME MODERNE.
d'après un croquis de G. Meunier.

*
* *

La caractéristique de la démarche féminine comprend, outre le croisement à chaque pas des lignes des épaules et des hanches quelques points particuliers : les pas sont plus

FIG. 63. — SCHÉMA DES DANSES NATIONALES.
Dessins de P. Diffloth, d'après Avelot, R. de la Nizière.

courts que dans la démarche de l'homme, le mouvement des hanches en avant, plus accentué, les phases d'appui plus longues, proportionnellement aux phases de transition.

La femme a l'intuitive notion de la laideur du mouvement compensatoire exécuté par les bras ballants et mobiles; pour retrouver néanmoins le stade d'équilibre, elle s'aide de la rotation accentuée des lombes qui imprime à sa démarche tout son cachet particulier.

La marche de l'homme présente un mouvement saccadé, actif, heurté, la démarche féminine ressemble à un balancement. Tandis que l'homme cherche l'équilibre qui lui échappe, la femme s'efforce de conserver l'équilibre existant. Même dans l'attitude violente de la course, ces différences s'accusent nettement. L'effort de l'homme se porte en avant, imprimant au corps une forte flexion en avant, le torse est fléchi, la tête basse; la femme porte le buste en arrière et fait saillir en avant le relief des hanches, conservant ainsi à cette allure une grâce toute spéciale.

*
* *

Les déplacements respectifs du buste et des hanches sont les facteurs importants de l'« esprit » de la démarche auquel le port de la tête, le mouvement des jambes, la disposition des pieds touchant le sol, impriment son caractère définitif. Toutes les expressions du port de tête sont dues à la flexibilité du col, flexibilité qui est toujours corrélative de celle de la taille.

La démarche est complètement harmonieuse si les « aplombs » sont réguliers; l'aplomb est droit lorsque, dans la position verticale, les cuisses rapprochées naturellement et sans effort sont tangentes non seulement par les biceps, mais encore par les genoux; on ne doit jamais voir de jour entre les jambes d'une femme, lorsqu'elles sont debout, juxtaposées.

Ces particularités sont nettement perceptibles, même sous le voile continu des jupes...

Le pied doit se poser légèrement sur le sol la pointe la première, l'extrémité légèrement tournée en dehors. En thèse générale, un pied délié plutôt long se posant la pointe en dehors avec une légère flexion des chevilles en dedans produit la démarche la plus gracieuse et la plus noble.

La grâce de la démarche est naturellement distincte des fausses élégances et des attitudes apprises. Certaines femmes s'appliquent à marcher dans une sorte de glissement qui les fait plonger à chaque pas, d'autres accentuent un déplacement voulu du corps latéralement de gauche à droite et inversement; rien n'est plus éloigné de la véritable allure, caractérisée par la souplesse des membres et l'ondulation des déplacements du buste. Cette même recherche de la cadence souple fait peu apprécier dans la démarche le mouvement brusque des rotules « détachant parfois des saccades d'arc qu'on bande ».

*
* *

Les conditions du milieu, les mœurs, les modes, ont pu singulariser la démarche de chaque peuple et ces dissemblances ont trouvé dans la danse le plus sûr moyen de s'exalter.

Il est certain que les fandangos, les boléros, par l'exemple vivant qu'ils constituaient, développèrent la grâce onduleuse de la démarche des Espagnoles; la gigue par contre a peu fait pour harmoniser l'allure anglo-saxonne. Toute la grâce de la démarche féminime s'est développée chez les peuples de l'Orient par la pratique des danses considérées comme un art sacré; les belles Géorgiennes en dansant la voluptueuse *lesghhinka* se sont transmis la cadence exquise de leur démarche à la fois souple et hiératique. Le kolo serbe, la czarda hongroise, la mazurka polonaise, la valse allemande, les danses russes, le boston américain synthétisent également l'esprit et la démarche de chacune de ces nations (fig. 63).

Les variations suivies par une même danse sont d'ailleurs en relation étroite avec l'allure particulière de la démarche féminine aux époques considérées. La valse « tourbillonnante avec Strauss, romantique avec Chopin, voluptueuse avec Metra » [1], est devenue, à l'aube du xxe siècle, indolente, heurtée, alanguie...

Quelques esprits subtils pourraient prétendre que la démarche a régi la danse et que la cause est ici confondue avec l'effet; les études historiques les plus précises ont permis de placer l'art de la danse parmi les premières manifestations artistiques des peuples. Les populations humaines placées aux degrés les plus inférieurs de l'échelle sociale ont des danses nationales guerrières ou sacrées. Sans crainte de paraître paradoxal, il est permis d'avancer « qu'on a su danser avant de savoir marcher » et que l'art de la danse a orienté vers son cachet particulier la démarche des peuples.

1. Collot. *La Vie Parisienne.*

XVI

DE LA BEAUTÉ MASCULINE ET DE LA BEAUTÉ FÉMININE

La comparaison des valeurs esthétiques de la beauté féminine et masculine a donné lieu à de graves débats et à des discussions passionnées où les contradicteurs faisaient montre de plus d'esprit que de sincérité.

Platon le premier contesta la supériorité de la beauté féminine, mais sa thèse semble avoir trouvé peu d'adeptes, et c'est très plaisamment que Rabelais donne ainsi son avis. « Quand je dis femme, je dis être tant imparfait tant fragile que nature me semble — parlant en toute honnêteté et revérence — s'être égarée de ce bon sens par lequel elle avait créé toutes choses, lorsqu'elle bâtit la femme. » Bossuet avait sans succès appuyé de son autorité la cause masculine en proclamant ces sévères paroles : « La femme n'a qu'à se souvenir de son origine et, sans trop vanter sa délicatesse, songer qu'après tout elle vient d'un *os surnuméraire* où il n'y avait de beauté que celle que Dieu voulut y mettre ».

Schopenhauer précise le conflit en déclarant que l'homme doit être aveuglé par l'amour pour trouver beau « ce sexe de petite taille, aux épaules étroites, aux hanches larges et aux jambes courtes ».

*
* *

En réalité, les partisans de la suprématie de la beauté masculine prennent leur suprême argument dans l'examen des conditions mêmes du dimorphisme sexuel, parmi les espèces animales. Cependant aucune loi naturelle ne régit chez les êtres animés la répartition des caractères de beauté chez le mâle et la femelle.

Le féminisme morphologique, c'est-à-dire la supériorité esthétique de la femelle, règne dans les espèces inférieures et parmi les insectes.

Chez certaines familles d'invertébrés les mâles sont d'une petitesse extrême; le mâle des syngames est moins un être qu'un appendice, tandis que la bonnellie femelle présente un corps allongé de 15 centimètres de long, le mâle est représenté par un filament de 1 à 2 millimètres, c'est-à-dire mille fois plus petit; les femelles des rotifères représentent également le type le plus évolué.

Parmi les insectes, la femelle est presque toujours l'individu supérieur et se pare des livrées les plus éclatantes. Le mâle du tachyte est huit fois plus petit que la femelle, le lophyre du pin est noir, la femelle est jaune; le mâle de la chalicodome ou abeille maçonne est de nuance rousse, la femelle présente un corselet noir velouté avec des ailes violet sombre; chez beaucoup d'hyménoptères, la femelle seule porte l'aiguillon; c'est uniquement la femelle du taon, du moustique, du maringouin qui pique les mammifères et suce leur sang (Remy de Gourmont) [1].

Il faut arriver aux espèces supérieures, aux mammifères, à certains groupes d'oiseaux, pour voir le mâle égaler la femelle ou la surpasser par sa force ou sa beauté. On dirait qu'il a conquis lentement une place que la nature ne

1. R. de Gourmont. *Physique de l'Amour*.

lui destinait pas. Cependant, le dimorphisme sexuel, insensible d'ailleurs parmi les poissons, les sauriens, les reptiles, ne parvient jamais chez les oiseaux à cette différenciation qui le caractérise chez les insectes et aux exemples fréquemment cités du coq, du loriot, du faisan argenté, du combattant, de l'oiseau de paradis où le mâle se pare des couleurs les plus brillantes, on pourrait opposer le cas du busard, du faucon, du vautour cendré, du phalarope gris où la femelle est plus forte et de livrée plus éclatante.

En réalité, dans la généralité des cas la nature est, parmi les oiseaux, favorable au mâle, c'est « un prince dont l'épouse semble morganatique ».

Le dimorphisme des mammifères est rarement favorable à la femelle, on ne peut guère citer que le cas du tapir d'Amérique où le mâle soit plus petit que sa compagne ; ordinairement les pelages colorés, les crinières opulentes, l'ornement des bois sur les crânes — exception faite pour le renne — sont le privilège du sexe mâle. Les différences sexuelles encore perceptibles dans la race bovine, diminuent entre l'étalon et la jument, s'affaiblissent encore du chien à la chienne et s'annulent chez le chat.

Ce rapide examen des faits montre nettement l'impossibilité de formuler une loi générale réglant la supériorité esthétique de l'un des sexes.

Le secret du jeu mystérieux par lequel la nature règle et ordonne le grand acte de la reproduction demeure à jamais impénétrable. Nos connaissances sur le rôle des organes génitaux dans la morphologie générale sont des plus confuses et contradictoires.

La castration des mâles détermine l'apparition des caractères féminins : le bœuf, le cheval hongre, l'eunuque le prouvent surabondamment ; par contre, la castration des femelles ou l'atténuation de leurs caractères sexuels pare le corps féminin des attributs du sexe mâle comme l'at-

FIG. 64. — VÉNUS DE MILO.
Comparaison de la largeur des épaules et des hanches.

teste l'exemple des vieilles biches à bois de cerf, des poules ou faisannes âgées à plumage de mâle, etc... Quelle explication pouvons-nous donner à ce fait bizarre que la castration unilatérale des cervidés amène l'atrophie du bois du côté opposé et comment comprendre que la castration allonge la corne du bœuf et résorbe celle du mouton? La nature garde jalousement le secret de ses mystérieux desseins; en bonne fée, elle laisse parfois entr'apercevoir le jeu de quelques-unes de ses forces souveraines, mais lorsqu'il s'agit de l'acte de la reproduction, l'homme ne se heurte plus au mur de l'ignorance — ce qui, à tout prendre, est encore une solution — mais se perd dans le dédale de la contradiction et de l'incohérence.

*
* *

Dans l'espèce humaine

le dimorphisme sexuel est d'ailleurs atténué ; très peu apparent parmi les variétés rouges et noires, il s'accentue chez les populations de race blanche, les Aryens, les Semites, les Finnois.

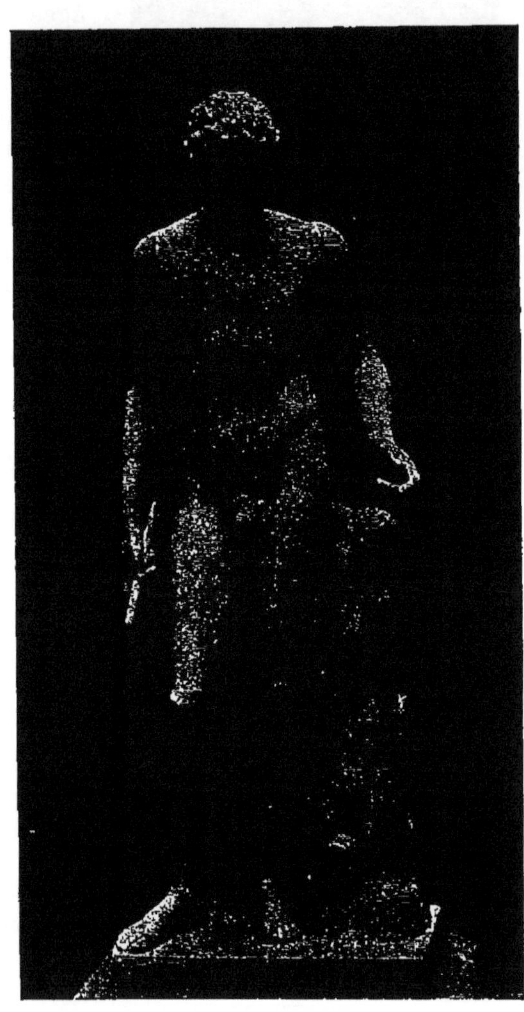

FIG. 65. — APOLLON.
Comparaison de la largeur des épaules et des hanches.

Les savants ont souvent déclaré que les proportions et le développement du corps féminin étaient — comparativement à l'homme — moins en harmonie avec l'accomplissement intégral des fonctions vitales.

La clavicule est plus longue chez la femme que chez l'homme, ce qui caractériserait les races peu perfectionnées ; le squelette féminin présente souvent, à la base de l'humérus, une perforation olécranienne constituant un signe d'infériorité constaté fréquemment chez les gorilles et les orangs-outangs. Le crâne de la femme est plus petit de 15 % environ et les lobes frontaux du cerveau, siège des opérations intellectuelles et des fonctions psychiques supérieures, très développés chez l'homme, sont rudimentaires chez la femme ; par contre, les lobes occipitaux où la physiologie localise les centres émotifs et sensitifs prennent dans le cerveau féminin un « anormal » développement.

Champfort ajoute avec raison cet aimable correctif : « Les femmes ont dans la tête une case de moins et dans le cœur une fibre de plus... ».

Erreur ! proclament les savants, le cœur de la femme est plus petit et plus léger que celui de l'homme, ce qui prouve d'ailleurs surabondamment que le volume de cet organe n'a rien à faire avec les capacités affectives.

Les sens sont moins affinés et moins parfaits chez la femme qui ne perçoit l'essence de citron qu'à une dose double de celle où l'homme décèle sa présence ; certaines fonctions délicates sont l'apanage du sexe laid, et le féminisme n'a pu encore produire de *trieuses de laine*, d'*accordeuses de pianos*, et de *dégustatrices* tant les sens du toucher, de l'ouïe et du goût sont sommaires chez la femme.

*
* *

En réalité, la discussion porte sur une erreur d'interprétation ; il ne s'agit aucunement d'examiner quel organisme présente une supériorité incontestable dans le conflit général de la lutte pour l'existence, mais bien de reconnaître la supériorité esthétique de l'un des types ; la beauté d'adaptation est totalement différente de la beauté esthétique.

La boutade de Schopenhauer révèle avec une ironie

qu'il faut reconnaître quelque peu fondée, les caractéristiques du type féminin : « petite taille, épaules étroites, hanches larges ». Tandis que l'homme présente aux épaules la largeur caractéristique symbole de la force et de la puissance, la femme manifeste sa faiblesse ingénue par sa poitrine ronde au diamètre réduit.

Cette particularité ne se rencontre d'ailleurs pas avec la même intensité parmi les races blanches. Si nous prenons comme base de comparaison la largeur du bassin, nous voyons que la femme celte (Autrichienne, Allemande du sud, Auvergnate, Savoyarde, Bretonne, Irlandaise, Écossaise, Galloise) a des épaules assez larges ; la femme germaine (Allemande du Nord, Flamande, Hollandaise, Bourguignonne, Normande) présente des épaules relativement étroites, tandis que la femme latine (Espagnole, Italienne, Française du sud) offre le minimum de développement du thorax.

*
* *

D'ailleurs, même dans les cas les plus accentués, le diamètre des épaules est toujours, comme chez l'homme, la plus grande largeur du corps ; ce qui fait paraître les épaules féminines étroites, c'est que la différence entre la largeur des épaules et celle des hanches est beaucoup plus petite [1] chez la femme que chez l'homme par suite de l'ampleur caractéristique du bassin féminin ; c'est donc *relativement* que les épaules féminines paraissent étroites.

Même dans son expression la plus intensive, l'étroitesse relative de la poitrine ne saurait être une imperfection.

1. Voici les dimensions moyennes données par Merkel :

	Homme.	Femme.
Hauteur du corps.....	165 cent. 5	158 cent.
Largeur des épaules.	47	37
Largeur de la taille..	25	23
Largeur des hanches.	32,5	34

Le corps humain se dresse en effet dans son architecture superbe, telle une stèle gracieuse, une colonne élancée; or, l'art architectural a reconnu depuis les époques les plus reculées la nécessité de donner aux fûts de colonnes la forme particulière que révèle la diminution du diamètre à la partie supérieure. Une colonne régulièrement cylindrique donne l'impression d'un ensemble lourd et sans grâce dont l'inélégance dut frapper les premiers artisans. Le corps de la femme se rapproche donc par son académie générale de la forme la plus parfaite (fig. 64 et 65).

*
* *

R. von Larisch [1] signale après Schopenhauer la réduction des jambes féminines et appuie cette affirmation de cent mensurations effectuées sur des « modèles ».

De telles assertions prouvent simplement que beaucoup de femmes parmi les modèles ont les jambes courtes, sans que rien n'autorise à généraliser cette observation.

Cette imperfection esthétique s'explique d'ailleurs dans ce cas particulier. Les modèles appartiennent pour la plupart aux classes sociales pauvres, d'une minime aisance; les jambes, soumises de bonne heure à un travail fatigant, prennent rapidement la conformation robuste et trapue, en même temps qu'une alimentation insuffisante contrarie l'élongation des os.

*
* *

Un reproche plus exact vise dans la beauté féminine l'imperfection du modelé et des proportions du ventre.

Mais là encore, les détracteurs de la beauté féminine ont volontairement déplacé la question en considérant la mère et non la femme.

1. Von Larisch. *Der Schönheitsfehler des Weibes* (Munich, 1896).

Il est évident que le douloureux fardeau de la maternité marque son empreinte sur le corps féminin, de même que les durs labeurs, les besognes pénibles faussent le développement musculaire de l'homme.

L'examen comparatif doit porter sur des entités et non sur des états particuliers, la vierge « au ventre plat » doit seule ainsi être opposée au jeune éphèbe qu'elle domine de toute sa radieuse beauté.

*
* *

Une cause réelle de supériorité de la beauté féminine réside dans l'*unité de ligne;* ce qui rend la femme plus belle, c'est l'invisibilité de ses organes génitaux. « Le sexe, qui est parfois un profit, est toujours une charge et toujours une tare; l'harmonie du corps féminin est donc géométriquement bien plus parfaite, surtout si l'on considère le mâle et la femelle à l'heure même du désir, au moment où ils présentent l'expression de vie la plus intense et la plus naturelle. La femme alors, tous ses mouvements étant intérieurs ou visibles seulement par l'ondulation de ses courbes, garde sa pleine valeur esthétique, tandis que l'homme, semblant tout à coup régresser vers les états primitifs de l'animalité, apparaît dépouillé de toute beauté [1]. »

*
* *

D'autres esprits spécieux ont prétendu que « la beauté de l'éphèbe étant plus durable que celle de la vierge, cette promesse de durée justifiait sa supériorité ». De tels arguments n'aveuglent que leurs propres auteurs; la supériorité esthétique est indépendante de toute notion de durée et se juge impartialement d'après ses propres attributs.

La supériorité esthétique du corps féminin semble donc incontestable.

1. R. de Gourmont. *Loc. cit.*

XVII

DE L'ÉPANOUISSEMENT DE LA BEAUTÉ

Il est aisé de discerner dans l'éclosion de la beauté féminine trois phases distinctes, correspondant aux périodes de formation, d'épanouissement et de décrépitude.

*
* *

La période de formation est marquée par la timide apparition des grâces naissantes de la femme sur un corps d'adolescente. C'est en réalité plutôt une promesse de beauté, la sensation confuse et voilée d'un lent épanouissement vers l'idéal esthétique, que la révélation éclatante de la perfection ethnique (fig. 66).

Chaque trait du visage, chaque particularité du corps atteint alors individuellement sa forme parfaite, mais la liaison générale manque, l'harmonie totale fait défaut, les développements de chaque région du corps n'étant pas parallèles et l'éclosion des beautés particulières ne se produisant pas simultanément.

Cette réunion anharmonique de caractères impeccables en voie d'évolution caractérise ce que l'on nomme communément « la beauté du diable », dont l'attrait juvénile et gauche peut n'être pas sans charmes. Certains artistes recherchent même cette beauté discrète, à peine pressentie, prétendant qu'en art les véritables amateurs préfèrent l'ébauche originale au tableau achevé.

FIG. 66. — PRINTEMPS.
PÉRIODE D'ÉCLOSION DE LA BEAUTÉ FÉMININE.
L'Électricité (Cordonnier).

*
* *

Peu à peu les formes s'harmonisent, la beauté s'épanouit dans une floraison merveilleuse qui caractérise la période de maturité.

Le Temps — ce galant homme, disent les Italiens — modèle de ses mains habiles le galbe du corps et la finesse du visage. Ainsi apparaît dans toute sa splendeur la beauté féminine : « la grâce est dans sa démarche, le ciel dans ses yeux, la dignité de l'amour est dans tous ses mouvements, elle s'appelle la Femme » (Milton).

*
* *

La hâtiveté de cette évolution dépend des conditions de race et de milieu. En règle générale, sous les climats chauds, la beauté féminine s'épanouit précocement et se fane vite. Cependant, certaines peuplades africaines, les Abyssins, les Égyptiens notamment, se distinguent cependant des races voisines par la lenteur de leur évolution esthétique.

Chez les peuples méridionaux la femme atteint ordinairement l'apogée de la beauté dès la quinzième année; cette période est sensiblement reculée parmi les nations septentrionales jusqu'à vingt ans, trente ans et même au delà.

Les femmes appartenant aux classes privilégiées, les types de races, arrivent plus tardivement à la maturité et restent plus longtemps belles; ce sont les jeunes filles aux formes ramassées dans l'âge ingrat qui donnent les plus beaux corps de femme à l'achèvement de leur croissance (Brücke).

On admet en principe qu'à 23 ans le corps féminin possède sa caractéristique particulière, mais aucune règle générale ne saurait comprendre les divers cas.

Quels indices peuvent révéler le parfait épanouissement de la beauté féminine?

De précieux renseignements sont obtenus à ce sujet en examinant la position exacte du centre du corps. Chez l'enfant nouveau-né la tête est relativement volumineuse, les membres petits. Ces différentes parties ne se développeront pas avec la même vitesse durant l'évolution harmonieuse du corps. La tête atteint le double de sa longueur primitive, c'est-à-dire son développement final, vers l'âge de 13 ans. A cette période, le tronc a triplé de longueur, ce qui représente son achèvement définitif.

Les jambes doivent quadrupler de longueur ; mais cette évolution est plus tardive. A mesure que les membres inférieurs croissent, le centre du corps s'abaisse, relativement au sommet de la tête. En suivant exactement la marche de ce point central, on peut déterminer sa situation la plus basse par rapport au même point, correspondant à l'époque de parfait épanouissement. Ce symptôme se maintenant après la complète maturité de la beauté féminine, nous pouvons avoir dépassé cet instant précis sans nous en rendre compte.

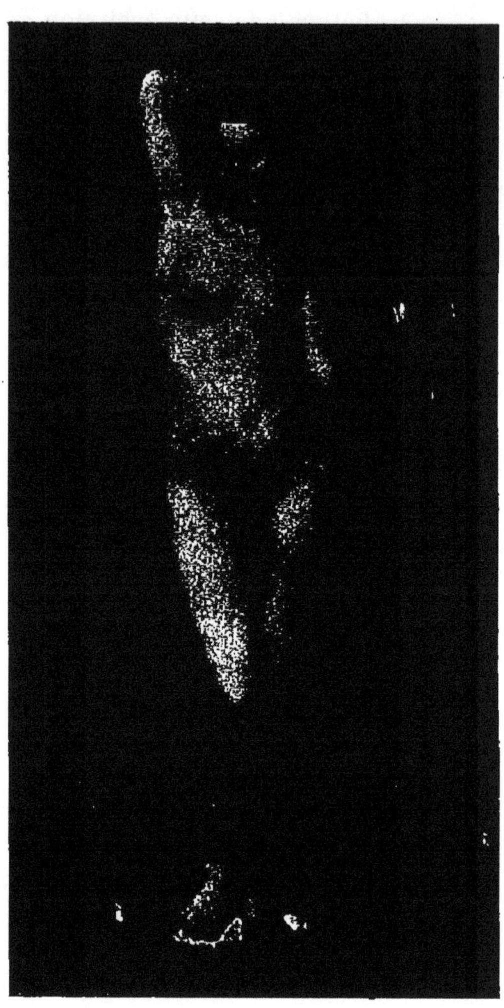

FIG. 67. — ÉTÉ.
PÉRIODE D'ÉPANOUISSEMENT DE LA BEAUTÉ FÉMININE.
La Source (Ingres).

Le procédé le plus sûr pour reconnaître l'apogée de la beauté consiste à étudier la constitution des seins ; le complet épanouissement de la beauté féminine est indiqué par le développement, la fermeté, la forme parfaite de la glande mammaire.

*
* *

Diverses causes peuvent influer sur la rapidité de cette évolution esthétique. Le bien-être, l'aisance, le luxe facilitent l'œuvre de la nature; mais le véritable artiste silencieux et actif est sans contredit l'amour. C'est l'amour qui parachève l'œuvre entreprise et donne à la femme son véritable cachet et sa grâce même. La jeune fille ne constitue, à proprement parler, « qu'un point mathématique, un instant de la durée, le croisement de deux lignes géométriques idéales » : rien avant d'aimer, femme après.

C'est ainsi que les femmes réalisent cette beauté qui ne se surpasse elle-même qu'une ou deux fois dans une jeunesse de femme sous l'influence d'une secousse profonde (C.-H. Hirsch).

*
* *

La caractéristique la plus remarquable de cet épanouissement de la beauté féminine est sans contredit sa brièveté.

Sans parler des causes normalement déprimantes, la maternité, les maladies, les deuils, etc., la beauté passe et meurt, fleur délicate tôt fanée et c'est avec raison que l'Ecclésiaste proclame : « Ne vous appuyez point sur un roseau qu'agite le vent et n'y mettez pas votre confiance; car toute chair est comme l'herbe et sa gloire passe comme la fleur des champs. »

*
* *

Il est évidemment de savoureux automnes, mais la grâce splendide et lumineuse des clairs printemps de la vie ne brille qu'un instant pour le bonheur des hommes. On connaît l'épisode rappelé par le sculpteur Éberlein. Séduit par la pure beauté d'un de ses modèles dont il avait reçu la visite après une longue absence l'artiste prit minutieusement les mesures les plus exactes et les plus nombreuses de ce corps impeccable pour en décrire sur le marbre la parfaite anatomie.

FIG. 68. — AUTOMNE.
PÉRIODE DE COMPLET ÉPANOUISSEMENT.
La Joueuse de Boules (Gérome).

Le modèle étant revenu *quatre semaines après,* Éberlein s'aperçut qu'aucune mesure ne concordait avec le type primitif : la pure beauté s'était évanouie.

*
* *

Les différents caractères de la beauté féminine ne s'atténuent pas également vite ; les justes proportions du corps, l'harmonie des gestes, résistent aux outrages du temps.

La pureté de l'ovale du visage, la souplesse, l'abondance et le coloris des cheveux, la délicate carnation de la figure sont de fugitifs attraits qui s'envolent avec les premiers printemps; la bouche perd son dessin régulier et se charge vite de mélancolie. Le nez garde, par contre, son facies particulier; sa mise en valeur seule se modifie par suite de l'amaigrissement ou de l'engraissement du visage, les yeux maintiennent malgré les ans leur douceur délicate et leur finesse d'expression.

*
* *

La continuité de la beauté, sa résistance aux causes destructives sont évidemment des caractères individuels. Il est des femmes qui restent belles jusqu'aux extrêmes limites de la vieillesse, et Ninon de Lenclos n'est pas une exception.

D'une manière générale, les corps sveltes et élancés, les visages à relief accentué, les physionomies dites « à caractère » résistent mieux aux influences perturbatrices.

Un aimable embonpoint ne pourra qu'atténuer le caractère parfois un peu excessif de ces traits, et même, dans le cas moins favorable d'un amaigrissement général, le relief, en s'accentuant, pourra présenter quelque beauté particulière; en matière esthétique, l'*imprécision seule est à craindre*, *toute ligne contient en elle-même* sa caractéristique de beauté, le « *flou* » seul est dénué de toute valeur.

Les statures ramassées, amples et trapues; les figures rondes, sans expression définie; les beautés un peu mièvres et sans caractère, « pastels atténués sur lesquels on avait passé la manche »; toutes les physionomies célébrées sous les divers noms de *visage mutin, air parisien, figure poupine,* etc., présentent un faible coefficient de résistance aux attaques des ans, par le fait même de leur manque de caractère et de l'indécision de leurs lignes.

Les types de race se placent ainsi parmi les plus fixes, et c'est même le charme le plus sûr des femmes à « sang bleu » que de présenter, au déclin de leur vie, l'attrait délicat et la grâce sereine des automnes dorés et alanguis.

***

Le plus sérieux ennemi de la beauté féminine est cet envahissement graduel des chairs par le tissu adipeux, phénomène physiologique désigné sous le nom peu harmonieux d'engraissement, d'embonpoint. L'engraissement détruit la ligne et dénature l'expression.

Les Européennes partagent avec les Hottentotes le fâcheux privilège d'accumuler la graisse dans la région du bassin et du tiers supérieur de la cuisse (Richer). Le tissu adipeux se dépose au contraire plus haut, à hauteur du rein, chez les hommes.

Cette particularité a l'inconvénient d'exagérer l'importance excessive que prend souvent le bassin et les hanches de la femme.

Lorsque l'envahissement par la graisse se poursuit, le tissu adipeux envahit les parties concaves du corps féminin. Aux plis des membres, sous les seins, au menton se forment des bourrelets et des sillons; les lignes du corps perdent toute leur finesse.

Il semble que la nature ait voulu favoriser le maintien de la beauté en éloignant les types purs de cette dégénérescence; l'embonpoint atteint rarement les types de race; on n'engraisse ni les pur sang ni les lévriers.

*
* *

La flétrissure précoce des types orientaux s'exagère évidemment par l'empâtement des formes survenant à la suite de cet engraissement que les mœurs favorisent parce qu'il est considéré par les hommes comme un caractère de beauté.

On éprouve quelque difficulté à justifier cette perversion étrange du goût, autrement que par une exagération manifeste des caractères d'adaptation du type au climat particulier.

Tous les animaux des pays chauds possèdent, en effet, des dépôts abondants de tissus adipeux, placés en différentes régions du corps, et constituant des ressources précieuses en cas de disette; le chameau, le dromadaire, le zébu, le mouton à grosse queue, vivant sous des climats torrides, en offrent des exemples précis. L'espèce humaine, sollicitée par les forces obscures de la nature, a sans doute exagéré ce caractère de beauté d'adaptation en recherchant chez les femmes cet envahissement des tissus par les réserves adipeuses.

XVIII

DES REMÈDES PROPRES À LA RÉNOVATION DE LA BEAUTÉ

Nous avons pu suivre dans ces divers chapitres les grandes lignes du mouvement régressif conduisant graduellement l'humanité vers la laideur et la médiocrité.

Les types purs de beauté formés par l'action constante du milieu furent tout d'abord abâtardis sous l'influence des guerres et des invasions. Le rapt et le viol n'exercèrent qu'une faible action parmi les nations européennes; l'occupation militaire et civile détermina seule des tentatives continues de croisement. Il fallait parvenir au mouvement de fusion général des peuples, caractérisé par la vie sociale moderne, pour unir les métis résultant de ces croisements et placer les types ethniques en variation désordonnée.

La loi de réversion faisait cependant surgir de cette foule anonyme des beautés caractéristiques rappelant les origines espagnoles, italiennes, flamandes dans toute leur intégrale perfection.

Il importait dès lors d'examiner quel sort était réservé à ces éléments régénérateurs de beauté.

Or nous avons vu que les conditions sociales de la vie moderne condamnaient presque fatalement à la stérilité ou à la dégénérescence les beautés supérieures formées par réversion.

Par ces voies différentes : galanterie, mariage contraint, stérilité consciente, féminisme, etc... les mœurs modernes ont parachevé cette œuvre de destruction de la beauté et la nature, violentée et contrainte, ne forme plus, pour le désir des hommes, que des êtres sans beauté et sans charme.

*
* *

Nous tendons, en effet, vers un facies « moyen » dont la médiocrité se révèle flagrante : les groupes ethniques s'effacent et disparaissent ; l'espèce humaine marche vers un type unique[1].

Les naturalistes appuient cette thèse sur l'autorité d'exemples probants. Les chevaux de pur sang ont été obtenus par des croisements suivis de métissages entre les chevaux africains, asiatiques et les races indigènes. Or, ces équidés forment maintenant un groupe homogène facilement reconnaissable malgré quelques différenciations dans le pelage, la conformation de la tête et la formule vertébrale. Les races porcines Yorkshire, Berkshire, Essex, constituées par de nombreux métissages entre les types celtique, ibérique et asiatique se reproduisent avec les particularités foncières du groupe. Le chien danois, né de l'union du dogue et du pyrénéen, constitue une race canine parfaitement fixée, qu'il s'agisse de la variété bleue ou de la variété dalmatienne.

La création d'un type moyen, d'un « *métis européen* », est donc une crainte fondée.

*
* *

L'atténuation des facies ethniques des diverses nations

1. Topinard. *Éléments d'anthropologie.*

se produira évidemment selon des vitesses différentes, d'après les alliances réalisées. Il est des peuples « bons raceurs » dont les caractères ancestraux possèdent une fixité et une puissance remarquables.

On sait en Zootechnie qu'il existe dans les croisements des affinités ou des oppositions de races. Les métis ovins Dishley-Mérinos offrent une prédominance du type mérinos; les moutons Dishley-Barbarins montrent au contraire une prépondérance frappante du type Dishley; enfin les métis Dishley-Millerys présentent un mélange très réussi des caractères des deux races (Cornevin).

De même, certaines peuplades humaines fusionnent aisément avec les autres nations et donnent des métis « moyens »; d'autres races tendent au contraire à imposer leur facies dans les croisements réalisés.

La race égyptienne, « la plus fréquemment conquise et la plus croisée de toutes les familles humaines, est demeurée identique à elle-même depuis des milliers d'années »[1]; les observateurs que ces études intéressent, pourront trouver un nouvel argument à cette thèse en recherchant les profils parisiens qui rappellent par la forme particulière du nez, l'effilement des yeux vers les tempes, l'influence d'un sang égyptien attestant ainsi la part prise par notre pays au percement du canal de Suez.

La race espagnole compte également parmi les « types raceurs ». Tous les métis réalisés possèdent une réputation méritée de beauté; non seulement en Amérique du Sud, mais dans nos possessions indo-chinoises où leurs mulâtres sont infiniment supérieurs aux produits de nos colons, en Océanie, au Japon même (capitaine Porte). Une nation voisine mais d'origine différente, les Portugais, procrée dans les mêmes conditions des métis anharmoniques; les femmes de Macao en sont un exemple typique.

1. A. Hermant. *Souvenirs du Vicomte de Courpière.*

*
* *

Ces influences modératrices ne pourront malheureusement que retarder faiblement la fusion générale des types et la création des métis européens.

Il est impossible d'apporter un obstacle à la généralisation des métissages poursuivis sans cesse, le seul remède à cette crise esthétique consisterait à préserver de la destruction ou de l'atténuation les types purs nés fortuitement par « retour en arrière ».

Pour que cette œuvre de salut et de régénération puisse se poursuivre, les hommes doivent « sélectionner » les types ethniques en s'efforçant de juger exactement leur valeur esthétique individuelle.

C'est pourquoi une étude des conditions mêmes de la beauté s'impose logiquement ici pour guider rationnellement le jugement des hommes dans cette recherche et corrélativement cette sauvegarde de l'éternelle beauté.

XIX

DES CLASSIFICATIONS DE LA BEAUTÉ

Au point de vue philosophique, on peut distinguer trois genres de beauté : la beauté d'adaptation, la beauté conventionnelle et la beauté harmonique.

*
* *

La beauté d'adaptation est réalisée par la parfaite adéquation de sa conformation générale à la destination prévue par la nature.

La beauté conventionnelle est régie par les recherches passagères du caprice ou de la mode.

La beauté harmonique est l'idéal rêvé, non seulement par les peintres et les statuaires, mais par tout individu capable de ressentir les nobles sensations de l'art.

*
* *

La beauté d'adaptation exigerait le développement des caractères susceptibles d'assurer, de la manière la plus parfaite, l'accomplissement des fonctions assignées par la nature à l'organisme humain.

La manifestation la plus intensive serait pour l'homme

le relief puissant des muscles, la largeur des épaules l'équilibre parfait du corps révélant un emploi rationnel et régulier de la force.

Pour la femme, la beauté d'adaptation résiderait dans l'ampleur du bassin, plaçant l'organisme féminin dans les conditions les plus parfaites à l'accomplissement de la propagation de l'espèce.

Il faut reconnaître que ces derniers caractères éloignent le corps féminin de la véritable beauté, en exagérant le seul point faible de son esthétique : la largeur des hanches, le développement du ventre.

La sexualité bien marquée n'est donc pas l'indice d'une supériorité esthétique définie; la beauté d'adaptation s'éloigne de la beauté harmonique.

*
* *

La beauté conventionnelle est déterminée par le caprice de la mode ou la vogue du moment.

De même qu'en horticulture tel coloris obtient une faveur passagère, de même qu'en hippologie les chanfreins busqués des carrossiers danois passèrent au XVIIIe siècle pour le modèle achevé de l'esthétique chevaline, de même, certains caractères du type féminin ont pu, par leur exagération, recueillir les suffrages des foules.

Selon les époques et les mœurs, les tailles hautes ou basses furent successivement à la mode; l'usage des divers corsets a pu orienter la beauté féminine vers les profils les plus différents qui, à l'apogée de leur vogue, furent individuellement déclarés les seuls modèles impeccables. Les œuvres de J.-J. Rousseau ayant célébré l'allaitement maternel, il fut trouvé beau, au XVIIIe siècle d'avoir les seins développés, ce qui est l'antithèse de la perfection esthétique.

Les excentricités les plus rares peuvent être citées dans cet ordre d'idées, et rien n'est plus éloigné de la beauté esthétique que cette recherche voulue de l'originalité et de l'excessif.

*
* *

La beauté harmonique ou beauté artistique résulte simplement *de l'harmonie de l'ordonnance générale.*

Lorsque toutes les parties du corps sont conçues sur le même plan, que leur agencement est harmonieux, que tout contraste est évité et toute transition ménagée, la beauté pure se manifeste librement. La laideur peut justement se définir : l'irrégularité, l'incorrection d'un ou de plusieurs détails qui rompt l'harmonie préalablement conçue de l'ensemble.

La spécialisation des aptitudes, entraînée par le développement de la beauté d'adaptation, a pour premier effet de donner la prépondérance à certaines parties du corps au détriment des autres et de détruire ainsi l'unité de plan et, par conséquent, la beauté artistique.

La beauté conventionnelle éloigne également de cette harmonie générale puisqu'elle n'est que l'exagération d'un caractère différentiel remarqué fortuitement et exagéré à dessein.

La beauté d'adaptation et la beauté conventionnelle sont donc opposées à la libre éclosion de la beauté harmonique.

La beauté harmonique ou esthétique se révèle par l'harmonie générale; cette harmonie doit exister dans les *lignes*, dans les *surfaces*, dans les *volumes* et dans les *couleurs.*

Il n'y a donc pas à proprement parler *un type unique en beauté;* des modèles très différents peuvent présenter des valeurs esthétiques également parfaites si, malgré la diversité de leurs caractères, l'harmonie générale se révèle avec la même force.

Ce principe doit être le seule guide dans la recherche de la beauté ; tout système d'appréciation et de classification qui repose sur des bases différentes est inexact ou vain, comme l'attestent d'ailleurs la discordance et la diversité des méthodes de groupement des différentes formes de la beauté.

A. Walker [1] distingue la « locomotive beauty », la « nutritive beauty », la « mental beauty », personnifiées respectivement par Diane, Vénus et Minerve; d'autres esthéticiens séparent la « beauté sublime » de la « beauté aimable »; la « beauté chaste » de la « beauté sensuelle ».

Ces procédés d'analyse sont aussi incomplets que les méthodes de mensuration sont inutiles et discordantes.

La beauté réside uniquement dans l'harmonie générale, l'unité de plan, l'esprit ou le caractère particulier des traits imprimant à chaque facies son cachet propre ; ainsi se révèle à la fois l'homogénéité et la diversité de la beauté féminine sous ses divers attributs.

1. *Analysis and Classification of beauty in woman.* London, 1852.

XX

DE L'INEXACTITUDE DES CANONS

On éprouve quelques difficultés à justifier l'emploi des mensurations dans l'appréciation de la beauté esthétique de la femme, le plus simple examen montrant la diversité de types ethniques également impeccables produits sous l'influence du milieu; à priori, rien n'explique cette prétention, l'immobiliser la beauté féminine dans un cadre rigide et mathématique.

La diversité même et la variabilité des échelles de mensuration ou *canons* montre, d'ailleurs, la vanité de cet essai.

Les Égyptiens les premiers établirent un canon particulier en prenant comme unité de mesure ou module la longueur du doigt médius, comprise dix-neuf fois dans la hauteur totale du corps.

Les Grecs utilisèrent plusieurs canons où la longueur de la main, du pied, du visage étaient choisis comme base d'évaluation. Le plus célèbre canon est celui de Polyclète, sculpteur de Sycione, qui appliqua ces mensurations à son célèbre Doryphore de Naples. Dans le canon de Polyclète la face est comprise dix fois dans la longueur du corps, la tête huit fois, la tête et le cou six fois. La longueur de la face est divisée en trois parties égales par la base et la racine du nez.

Cette échelle de proportion fut modifiée par un autre artiste grec, Euphranor. Langer et Michaelis démontrent d'ailleurs que ces proportions ne se rencontrent pas dans la plupart des œuvres antiques même classiques.

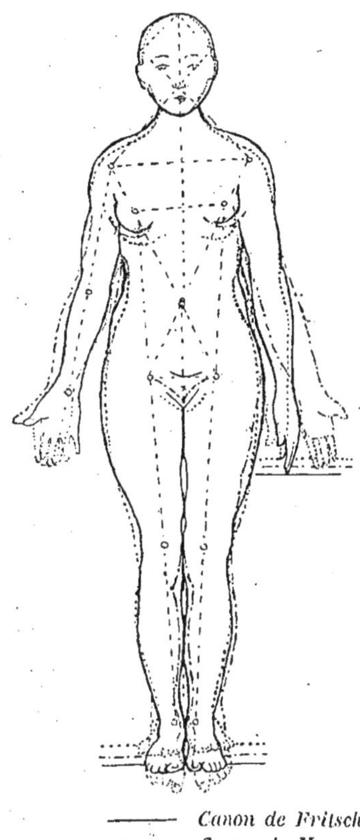

——— *Canon de Fritsch.*
········ *Canon de Hay.*
—·—·— *Canon de Merkel.*

FIG. 69. — DE LA NON-SUPERPOSITION DES CANONS.

A l'époque de la Renaissance, Léonard de Vinci, Albert Durer, Agrippa présentent des canons particuliers. Ces recherches se poursuivent durant le cours des civilisations successives, chaque artiste suivant un principe particulier dans l'estimation géométrique des diverses régions du corps féminin.

Zeising établit même un curieux procédé de partage du corps en *moyenne et extrême raison* [1]. Hay, s'appuyant sur les préceptes de l'harmonie musicale, divise le corps féminin *en intervalles* correspondant aux tierces, aux quintes, aux octaves. En comptant les divers systèmes établis, on parvient ainsi au nombre considérable de 80 canons différents.

Les anthropologistes ont alors essayé d'appliquer la

1. Une droite est partagée en moyenne et extrême raison lorsque le carré du plus grand segment est égal au produit du plus petit par la longueur de la droite entière.

méthode plus scientifique des mensurations. Quetelet, Topinard, Bertillon, Schadow, Carus, Fritsch, Schmidt tentèrent d'établir ainsi une moyenne normale du corps humain. Sargent, en Amérique, mesura plus de 2.000 jeunes gens et jeunes filles âgés de vingt ans et dressa sur ces plans de précieuses figurines d'argile. Richer construisit de cette même façon un canon des proportions de la beauté humaine. Merkel, Foriep, Thompson, Hay déterminèrent également avec précision des figures normales féminines; *or, ces modèles typiques de la beauté humaine ne concordent aucunement et ne peuvent pas se superposer* (fig. 69).

Ces divergences s'expliquent simplement par ce fait que la beauté ne réside pas dans la présentation de mensurations précises et compliquées, mais uniquement dans l'unité de plan, l'harmonie générale réalisée à la fois dans la ligne, la surface, le volume et la couleur.

XXI

DE L'HARMONIE DANS LES LIGNES

Le plus simple examen des êtres animés permet de reconnaître qu'il existe certains types dont la dominante dans les lignes est l'*élongation*.

Le lévrier, le cheval anglais de course, le porc celtique, le mouton du Larzac, etc., offrent dans leur anatomie générale des lignes allongées : la tête est effilée et fine, le corps mince et svelte, le cou développé, les membres hauts et grêles. Ces caractères justifient amplement la dénomination de *longilignes* qu'on attribue à ces types.

Le chien bouledogue, le porc Essex, le cheval belge, le mouton Southdown présentent, par contre, une stature ramassée, trapue ; la tête est petite et courte, le cou réduit, le corps ample et près de terre. Ces animaux sont avec raison qualifiés de *brévilignes*.

Une troisième catégorie, dans laquelle prendraient place le chien du Saint-Bernard, le cheval arabe, le porc ibérique, le mouton berrichon, réunit les sujets de caractéristique intermédiaire dont le type, également distant de l'allongement et de la condensation, est appelé *médioligne*.

Dans les trois groupements il est facile de distinguer des individus d'une esthétique également supérieure ; pour chacun d'eux, l'harmonie générale existe, toutes les parties du corps étant construites suivant un même principe directeur.

Incontestablement les diverses races humaines, modelées par les conditions du milieu, durent se placer nettement et sans ambiguïté dans l'une des trois catégories : longiligne, médioligne, bréviligne. L'influence exercée par le climat, l'altitude, la nature géologique du sol se fit également sentir sur toutes les parties du corps *uniquement par raison de symétrie ;* on ne conçoit pas, en effet, que l'absence de phosphate de chaux dans le sol eût retardé la croissance des os de la jambe sans empêcher parallèlement l'élongation des os du bras et le développement des parties squelettiques de la face ; le type, dans ce cas particulier, était uniformément et harmonieusement bréviligne.

La montagne pousse au type trapu, la steppe au type allongé ; il est logique d'affirmer que ces modifications anatomiques s'exercèrent symétriquement et simultanément sur toutes les parties du corps, imprimant au type ethnique une harmonie générale incontestable dans les lignes.

Des conditions mésologiques spéciales contribuèrent également à la création de types uniformément médiolignes. C'est donc une erreur de prétendre que « dans la race aryenne deux types différents se présentent, l'un aux membres longs d'ailleurs assez rare, l'autre aux membres courts » (R. de Gourmont) ; en réalité, la nature ignore les extrêmes et dispense ses forces avec une admirable continuité ; les trois types spécifiques, longiligne, médioligne, bréviligne, durent donc se présenter aux débuts de l'humanité avec la même fixité et la même généralité. On peut se convaincre facilement de l'existence de ces trois types en constatant les divergences présentées par les « Figures normales féminines », édifiées par différents artistes pour la représentation idéale de la Beauté.

La figure féminine normale de Hay offre une réduction sensible des membres inférieurs et de la tête (type bréviligne). Dans le modèle de Thomson les jambes sont encore plus courtes ; le même défaut se constate sur le facies de l' « Américaine moyenne », construite par Sargent. Le canon de Fritsch, par contre, présente un format aux membres allongés (type longiligne) et l'on sait que les longues jambes sont fréquentes en Angleterre parmi les classes aisées.

Il est donc logique de penser que les trois types se rencontrèrent harmoniquement fixés parmi les primitives races humaines.

*
* *

Les croisements et les métissages, qui mélangèrent si étrangement les peuples, allaient rompre sans retour cette harmonie des lignes, l'action conservatrice du climat étant détruite et masquée par l'influence perturbatrice des alliances multiples.

FIG. 70. — TYPE LONGILIGNE.
Mlle L. de Pougy, d'après Rouveyre.

Irrémédiablement, les longilignes, médiolignes, brévilignes se croisèrent dans une confusion générale donnant naissance à des individus présentant — en vertu des lois du métissage — une étrange juxtaposition des caractères ancestraux des souches alliées. Le corps des femmes offre actuellement une disgracieuse association de caractéristiques bréviligne, médiolignes, longilignes sur une même anatomie.

FIG. 71. — TYPE BRÉVILIGNE.
Mlle S.r.de, d'après Mich.

La nature, dans la création des races ou des variétés, a su se garder jalousement de ces errements ; on ne conçoit pas un chien réunissant à la fine élégance corporelle du lévrier une tête de dogue et une queue de fox-terrier. De même l'encolure concave et plate du pur sang ne saurait s'allier au poitrail musclé du percheron ; la nature, lorsque rien ne contrarie son action, respecte l'harmonie des lignes, source de toute beauté.

L'action de l'homme se manifeste toujours par une tendance manifeste vers la laideur ; voulant créer des variétés équines nouvelles, il obtient des métis sans harmonie, qualifiés par les hippologues eux-mêmes de « décousus », les nombreux croisements de pur sang avec les races chevalines indigènes en donnent de fréquents exemples.

Ces défauts et ces tares, si facilement observés sur les métis chevalins, se présentent avec la même évidence parmi les races humaines. La plupart des métis humains sont également « décousus » et offrent un anharmonique agencement de caractères bréviligne, médiolignes, longilignes, groupés et soudés sans aucune homogénéité.

*
* *

La beauté féminine implique donc nécessairement la notion d'harmonie générale dans les lignes.

Toutes les parties du corps doivent être édifiées dans le même esprit; des jambes longues, fuselées, soutiennent un bassin peu ample, allié par une taille haute à une poitrine délicatement affinée. Les bras seront souples et allongés, le cou flexible, l'ovale du visage aminci. Mais il existe des types bréviligncs d'une beauté aussi puissante, si des cuisses rondes et potelées se réunissent mollement à des hanches flexueuses et charnues et si la taille courte soutient une gorge ferme et opulente, alors que le cou réduit s'unit à une noble figure aux traits expressifs.

De même, des types médiolignes peuvent réunir des traits charmants où s'imprime la même caractéristique de « dimension moyenne ».

*
* *

L'harmonie générale des lignes doit se retrouver également dans les traits du visage. Il existe évidemment des figures longilignes, médiolignes et bréviligncs; chaque trait en particulier doit suivre l'orientation indiquée par la configuration même du visage allongé, rétréci ou circulaire. La perfection se trouve réalisée lorsque les caractéristiques dans les lignes se trouvent être du même esprit, qu'il s'agisse de l'anatomie du corps ou de la facture du visage (fig. 70, 71).

XXII

DE L'HARMONIE DANS LES SURFACES

L'harmonie doit se révéler non seulement dans les lignes, mais encore dans les surfaces ; le *convexe,* le *plat,* le *concave* caractérisent des facies différents qu'il serait défectueux de rencontrer associés par deux ou par trois sur un même sujet (fig. 72).

La beauté suppose l'unité d'agencement sans imposer des caractères ethniques particuliers.

Il est des types supérieurs dans chacune des catégories convexiligne, rectiligne, concaviligne. Le convexe caractérise des types majestueux, altiers ; le plat et même le concave peuvent, par leur unité même d'orientation, réaliser un caractère de beauté des plus imprévus, et c'est probablement là qu'il faut chercher le secret de la séduction des fausses-maigres.

FIG. 72. — LES CARACTÉRISTIQUES DU VISAGE.

Convexiligne. *Rectiligne.* *Concaviligne.*

*
* *

FIG. 73. — TYPE LONGILIGNE-CONVEXILIGNE.
Mlle Ma.vi..c, d'après Mich.

Le manque d'harmonie dans les surfaces peut annuler la supériorité individuelle d'une région parfaite du corps.

Ces considérations prennent toute leur valeur dans le cas particulier du visage.

L'assemblage des divers plans de la figure doit s'effectuer suivant un mode uniforme. Le visage n'est, à proprement parler, qu'une réunion de plans dont l'intersection donne à la physionomie son véritable modelé; il importe donc que ses plans soient conçus suivant la même unité de direction.

Les principaux plans du visage, limités par les insertions des muscles, sont : le front, les joues, les faces latérales du nez, les maxillaires inférieurs et supérieurs, l'intermaxillaire, etc. Ces surfaces peuvent être planes, convexes ou concaves, peu importe ; l'essentiel est que le même caractère de concavité de surfaces se retrouve sur *tous* les plans.

FIG. 74. — TYPE BRÉVILIGNE-CONCAVILIGNE.
Mlle d'Ar.c.és, d'après Mich.

On peut obtenir au même titre des types séduisants par la réunion homogène de surfaces concaves, convexes, ou rectilignes.

L'originalité de chacun de ces facies peut être diversement appréciée; mais on leur reconnaîtra avec justice un caractère de supériorité esthétique évident.

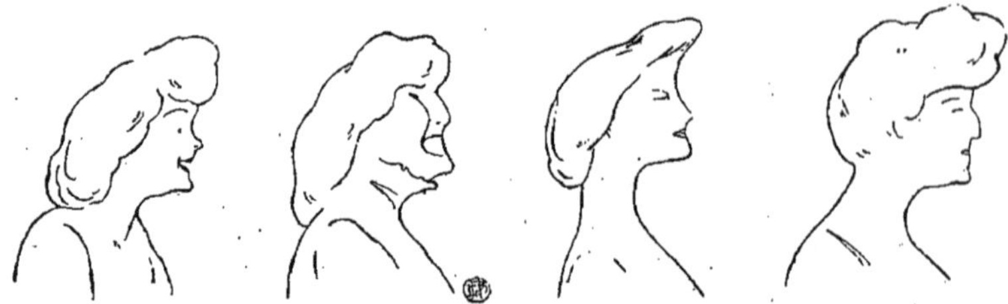

FIG. 75. — FIGURES « HARMONIQUES ».
Concaviligne accentuée. Convexiligne accentuée. Concaviligne atténuée. Rectiligne.
Mme Ré.a.c. Mme Sa..h Be.nh..dt. Mlle Br.n.és. Mme Ba.t.t.
Dessins de P. Diffloth, d'après Sem, Capiello.

Par contre, l'association sans ordre ni méthode de surfaces planes, convexes, concaves donne des physionomies sans beauté, quel que soit l'ordre artificiel adopté.

*
* *

Les caricatures qui résument en elles-mêmes l'essence même d'un type, nous donnent d'utiles preuves de l'exactitude de ces règles; les « charges » des beautés actuelles permettent de classer chacun de ces facies avec une exactitude quasi mathématique dans une des trois catégories établies (fig. 73 à 77).

*
* *

De tels exemples sont malheureusement rares aujourd'hui. De nos jours, les « beaux visages » réalisent l'exception; tout au plus rencontre-t-on des « physionomies intéressantes ».

FIG. 76. — TYPE BRÉVILIGNE-CONVEXILIGNE.
Mlle Bi.n.n.

Assemblez d'une part tous les modelés différents du front, toutes les formes du nez, toutes les tonalités des yeux, les nuances des cheveux, d'autre part tous les dessins des lèvres, les pro-

FIG. 77. — TYPE LONGILIGNE-CONCAVILIGNE. *Mlle de Lé.a, d'après Mich.*

fils des sourcils, etc., constituez un visage en prenant au hasard un de ces traits divers parmi les groupements séparés, et vous réaliserez dans leur esprit général les figures féminines modernes.

Exceptionnellement et sans aucune raison, il arrive que le front choisi présente, par son opposition avec la courbe du nez, le dessin du sourcil, etc., un caractère d'originalité plaisante, et voilà un « visage intéressant », une « figure curieuse ». Détaillez avec soin la constitution de ces physionomies remarquées au hasard des rencontres, et votre jugement établira cependant avec rapidité et certitude, l'irrégularité et l'anharmonie des traits assemblés. C'est alors un problème délicat, attachant et instructif que de déceler l'opposition ou le contraste qui peut réaliser ainsi cette aimable duperie.

XXIII

DE L'HARMONIE DANS LES VOLUMES

La loi de l'harmonie générale s'applique avec la même rigueur aux volumes qui donnent au corps sa valeur sculpturale.

L'ampleur des formes, l'opulence des chairs, la délicatesse des traits, la gracilité du corps réalisent des charmes diversement appréciés; en pareille matière, le goût personnel seul décide. La beauté pourra être réalisée aussi bien par des formes élancées, minces, graciles, que par des statues imposantes ou majestueuses, si toutes les parties du corps présentent cette même caractéristique de réduction ou de développement des volumes.

*
* *

Une gorge opulente, soutenue par une taille mince et un bassin sans relief, impressionne désagréablement; une jambe fine et ronde exige un pied menu et cambré. La tête elle-même doit présenter un volume en relation avec le développement musculaire des principales régions du corps; le diamètre du cou est sous la dépendance étroite des proportions générales.

Ainsi se différencient nettement, les différents types

« volumétriques » des beautés féminines dont la diversité se manifeste par la précision du vocable qui sert à les désigner.

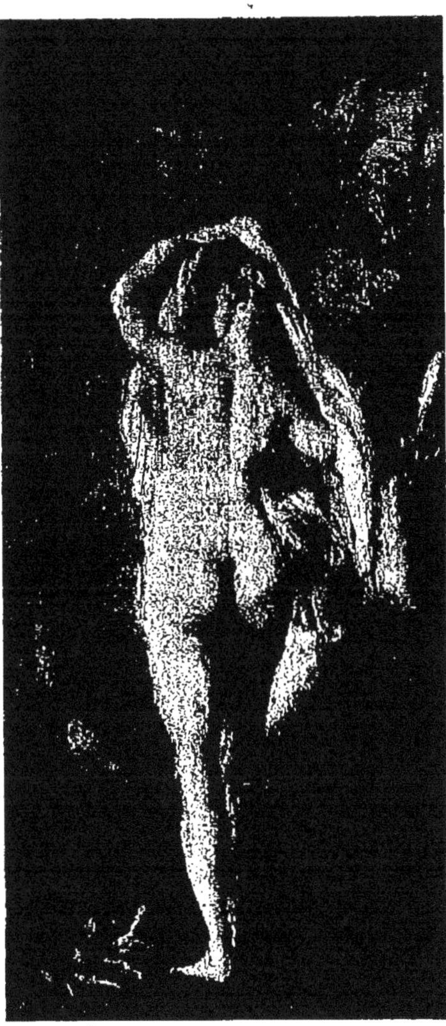

FIG. 78. — TOUTES LES FEMMES DE WATTEAU ONT 9 TÊTES...
Le Jugement de Pâris (Watteau).

Parmi les corps féminins au volume réduit on distingue les femmes à la taille élevée : beautés « sveltes », « altières », « élancées » ; lorsque la hauteur du corps diminue, tout en gardant cette modération harmonieuse et générale des formes, on réalise les types « dix-huitième siècle », « petite - marquise », « Praxitèle travaillant dans le Saxe ou Clodion dans le Copenhague ».

Si la beauté féminine est de haute stature, l'épanouissement harmonique et accusé des formes caractérise les types « majestueux »,

« royaux »; lorsque le même développement du volume, s'allie à une taille réduite on obtient le type « petite-caille », etc.

Il serait facile de généraliser ces exemples et de montrer aussi la nécessité absolue de l'unité d'orientation dans les volumes comme dans les surfaces et les lignes.

*
* *

La beauté exige pour se manifester l'observation stricte de la règle d'unité dans la ligne, le plan et le volume.

Il est insensé de vouloir maintenir la beauté féminine composée d'éléments aussi divers dans un cadre rigide. Aucune mensuration ne peut définir la perfection physique; il y a beauté parfaite lorsqu'il y a unité de plan dans la ligne, dans les surfaces, dans les volumes, quelle que soit l'orientation même de chacun de ces composants. C'est une erreur de proclamer que le corps entier doit contenir 7 têtes 1/2. Des modèles d'une perfection esthétique indiscutable s'éloignent sensiblement de ces données. Toutes les femmes de Watteau ont « une tête 1/2 en trop » et c'est peut-être précisément là qu'il faut voir le charme particulier des héroïnes du galant peintre de l'*Embarquement pour Cythère* (fig. 78).

XXIV

DE L'HARMONIE DANS LES COULEURS

FIG. 79. — Mlle DE FONTANGES.

Le corps de la femme, palette magique où se rencontrent les nuances les plus rares et les plus insaisissables, doit révéler dans sa tonalité générale une harmonie délicate excluant les contrastes violents et les oppositions brutales.

La nature, en artiste incomparable, s'est complue à distiller sur la peau des femmes les plus chaudes patines et les plus douces langueurs de la lumière; elle a su donner à l'épiderme des blondes cet éclat adamantin qui lui communique plus de vie, de chaleur, « et fait rechercher cette chair douce, tiède, luxurieuse, aux senteurs aphrodisiaques par les grands voluptueux ». Sur certains corps de brunes, sur ces chairs ambrées aux émouvantes blancheurs, l'ombre ne se dépose pas par gradations sensibles, mais semble irradier de la paleur même, évoquant l'image poétique d'une lampe sacrée dans un vase d'albâtre.

Avec le même soin amoureux la nature a donné aux cheveux leur coloris éclatant et aux yeux leurs fines tonalités.

L'harmonie parfaite entre la nuance du teint et le ton des cheveux est un caractère esthétique indispensable; on ne conçoit pas un corps ambré, aux ombres chaudes, paré de tresses blondes et l'éclat violent des cheveux noirs rendrait presque livide la blancheur de peau d'une blonde.

*
* *

Ces remarques montrent l'erreur flagrante dans laquelle versent les femmes qui modifient à l'aide de teintures la nuance naturelle de leur chevelure et s'éloignent de la couleur imposée par la valeur de leur teint.

FIG. 80. — JANE GRAY.

L'art des fards est, pour la même raison, au point de vue esthétique, une pratique condamnable.

Les femmes sont d'ailleurs impuissantes à tromper personne sur leur véritable teint; pour être exactement fixé à ce point de vue, il suffit de regarder à la nuque, derrière l'ourlet de l'oreille, tout près de la racine des cheveux, certaine place où ne peut adhérer la moindre poudre.

*
* *

L'harmonie entre la nuance des yeux et le coloris des cheveux ou la carnation du teint est un caractère moins absolu ; souvent le désir de l'homme s'émeut de contrastes savants réalisés par les tons délicats des yeux et la nuance de la chevelure.

Les blondes aux yeux noirs possèdent un charme particulier et l'on connaît la grâce attirante des yeux bleus sous des cils et des sourcils noirs qui font ressortir plus nettement la grandeur des orbites et la douceur du regard ; la théorie des complémentaires n'a pas de plus aimable argument que la beauté étrange des yeux verts des femmes rousses.

L'opposition entre ces caractères de coloration peut même se généraliser. Le Dr Stratz indique comme particularités se rapprochant le plus de l'idéal les particularités suivantes : couleur claire des cheveux et des poils de l'aisselle, couleur foncée des cils et des sourcils.

XXV

DE LA BEAUTÉ PARTICULIÈRE DES TRAITS

L'harmonie générale de diverses régions du corps relativement aux lignes, aux surfaces, aux volumes, aux couleurs est la caractéristique la plus absolue de la perfection esthétique; mais cette condition nécessaire n'est pas suffisante; il faut qu'à cette parfaite symétrie se joigne la beauté particulière des régions du corps prises individuellement.

Un accord régulier et précis de lignes disgracieuses en elles-mêmes ne saurait réaliser une supériorité esthétique évidente; il faut qu'à cette majestueuse ordonnance se joigne la correction de chaque détail.

Ainsi se définissent et se manifestent les types si divers de la beauté féminine avec leur relief et leurs caractères particuliers.

La beauté est une, comme essence, mais diverse en ses manifestations; la beauté grecque est évidemment différente de la beauté espagnole ou flamande, sans qu'il soit cependant possible de reconnaître à l'un de ces types parfaits une supériorité évidente. L'harmonie générale se manifeste avec la même régularité parmi ces facies divers; mais le dessin particulier des traits oriente ces anatomies géométriquement équivalentes vers des types nettement distants.

*
* *

Il est curieux de constater qu'aucune règle ne préside à l'examen de la beauté particulière de chacune des parties du corps féminin. Bien que la recherche et le culte de cette perfection ethnique aient constitué la passion constante des peuples dits civilisés, le goût particulier seul fait loi sans qu'aucune théorie vienne guider dans cette recherche le jugement des hommes.

Alors que de nombreuses écoles ont classé, catalogué toutes les beautés et les tares du corps du cheval, alors que l'importance de cette science a été reconnue si indiscutable que le vocable vague d' « Extérieur » peut suffisamment le définir aux yeux des foules, l'étude « détaillée » du corps féminin attend encore ses Garsault, ses La Guérinière, ses Bourgelat.

*
* *

Aussi bien puisque la précision des méthodes employées en hippiatrie permet une claire classification, nous ne saurions mieux faire que d'emprunter à cette science ses théories, ses préceptes et son mode de classification.

XXVI

DE L'EXTÉRIEUR

LA TÊTE

I

De la partie cranienne.

La tête se caractérise par ses dimensions et sa forme particulière, c'est-à-dire par les proportions comparatives de la face et du crâne.

En réalité, la face ou visage retient seule l'attention et l'examen du crâne est trop souvent négligé.

Cependant la beauté de la tête dépend essentiellement de la conformation même de la partie cranienne qui, par l'importance que le front donne à la physionomie, oriente véritablement le facies vers son sens esthétique.

Lorsqu'une tête présente des défauts de structure dans la partie cranienne, tels que l'obliquité de l'os frontal, son étroitesse, l'étranglement des temporaux, etc... la figure peut être intéressante, mais sa beauté est sans consistance; elle s'évanouit à l'apparition des premières rides qui ne se forment au contraire que tardivement (fig. 81), sur les visages réguliers ayant pour base une belle architecture cranienne. Le front superbe de Diane de Poitiers explique ainsi la survivance caractéristique de cette beauté qui sut maintenir sous son joug deux amants royaux.

S'il faut en croire Stendhal, la forme des os de la tête est

FIG. 81. — FRONT DÉVELOPPÉ ATTESTANT LA SURVIVANCE DE LA BEAUTÉ.
Diane de Poitiers.

laide à Paris et rapproche cette anatomie de celle du singe; c'est précisément ce qui empêche les Parisiennes de résister aux premières attaques de l'âge.

« Les trois plus belles femmes de Rome ont certainement plus de 45 ans. Paris est plus au nord et cependant jamais un pareil miracle n'a pu être observé. Paris et la Champagne sont les pays de France où la charpente de la tête est moins belle. Les femmes du pays de Caux[1] et les Arlésiennes se rapprochent des belles femmes de l'Italie. Dans ce dernier pays, toujours quelque trait de grandeur est perceptible, même chez les plus décidément laides; on peut en prendre une idée par les têtes des vieilles femmes de Léonard de Vinci et de Raphaël. »

*
* *

Chez la femme, le crâne est moins proéminent, moins arrondi que chez l'homme et offre un sommet de tête plus plat formant, de profil, un angle plus aigu avec le front.

Tandis que le crâne masculin est anguleux, haut, développé antérieurement, le crâne féminin est rond, large et d'un développement postérieur plus accentué.

1. Cette assertion paraît exacte; dans les anciens dictionnaires de géographie on trouve fréquemment cette mention : les Cauchoises sont réputées pour leur beauté et leur grande taille.

II

Le Front.

Le front est en général la clef de voûte de la beauté faciale. « De forme correcte, il place presque toujours la femme qui le porte parmi les beautés de rang supérieur. C'est dire combien il est rare; aussi est-ce la partie du visage que les coquettes s'ingénient le plus à cacher, d'abord au moyen des cheveux, ensuite avec le chapeau. » (M. Barrière.)

La beauté du front réside dans son élévation, signe d'un développement intellectuel assuré, dans sa largeur indiquant une séparation accentuée des lobes du cerveau, dans sa direction faiblement inclinée. Sa surface doucement polie s'épanouit légèrement convexe pour s'unir sans ressaut avec les tempes; la jonction avec les arcades sourcilières doit s'effectuer harmonieusement. En principe, le front est plus petit, plus droit, moins fuyant chez la femme.

FIG. 82. — TÊTE A CARACTÈRE.
Marie-Antoinette. Musée de Versailles.

Cette particularité équivaut à une supériorité esthétique incontestable, car les fronts fuyants et bas sont inélégants. La femme sait d'ailleurs pallier ces défauts par l'art savant de la coiffure.

*
* *

La façon dont les cheveux s'implantent au-dessus et autour du front, contribue largement à la beauté du visage; on a prétendu avec le plus grand sérieux que la zone d'implantation devait dessiner sept pointes nettes réunies par des courbes circulaires; les fronts *à cinq pointes* des femmes du Tintoret sont également célèbres. En réalité, le mode d'attache des cheveux présente des variations sensibles, également séduisantes, et la nécessité où l'on se trouve de masquer parfois par l'art des coiffures cette zone d'origine, enlève à ces particularités tout caractère critique.

La distance qui sépare l'arcade sourcilière de la base d'implantation des cheveux sur les tempes doit présenter un développement assez considérable; la réduction de cette région, qui délimite l'espace des tempes, réalise un caractère d'inélégance et de vulgarité des plus pénibles.

*
* *

La partie antéro-supérieure du crâne ou région frontale n'est pas seule intéressante à considérer; ses régions latérales et supérieures, bien que masquées dans leur forme par la masse des cheveux, servent à définir le caractère classique de la tête. La partie inféro-postérieure définit par son union avec les vertèbres cervicales cette région délicate, la nuque, où se dissimulent tant d'attraits délicats et pervers. Le temporal, par la courbure de l'apophyse zygomatique et par la situation du trou auditif, donne des indications précieuses sur l'architecture faciale; la première particularité mesure la plus grande largeur de la face; la place du trou auditif influe sur le développement et la situation de l'oreille.

FIG. 83. — CAROLINE BONAPARTE.
Musée de Versailles.

*
* *

Relativement aux proportions relatives de la longueur et de la largeur du crâne, les types se classent en *dolichocéphales* à crâne allongé d'avant en arrière, et en *brachycéphales* à crâne court (Retzius, 1842). Chez les dolichocéphales, la longueur excède la largeur de 1/4 environ, elle ne la dépasse que de 1/5 à 1/8 parmi les brachycéphales; on considère parfois une forme intermédiaire dite *mesaticéphale* (Broca, 1861).

L'importance de ces différenciations craniennes sur l'esthétique du type ne saurait être contestée.

Chaque race primitive se plaçait dans l'une de ces catégories, et les anthropologistes utilisèrent souvent ces particularités comme caractère de classification; les croisements et les métissages ont depuis longtemps enlevé aux types ethniques cette précision craniologique; actuellement, les différences les plus sensibles se constatent parmi les caractéristiques craniennes d'un même peuple.

*
* *

On ne saurait accorder aucune supériorité esthétique à l'un de ces types craniologiques vis-à-vis des deux autres. Il y a de superbes dolichocéphales et de divines brachycéphales; l'essentiel est que le développement de cette partie craniénne ne rompe pas, par son développement ou son exiguïté, l'harmonie générale du visage.

Les crânes dolichocéphales accompagneront donc des facies nettement tracés, aux profils accentués; l'importance des parties avancées, le nez, les lèvres, le menton, rétablissant l'équilibre détruit par l'allongement postérieur du crâne; les dolichocéphales impeccables seront donc des têtes *à caractère,* de ces visages qui, « au passage, frappent des effigies dans les mémoires ».

Par contre, la rondeur du crâne s'associera parfaitement avec des traits fins, menus, peu accentués, évitant de donner au visage une prééminence antérieure que rien ne compenserait postérieurement.

Les jolies brachycéphales auront des profils adoucis et atténués; ce seront les *minois fripons,* les *figures mutines,* les *visages chiffonnés,* etc...

III

De la partie faciale.

Si la partie cranienne règle l'architecture générale de la tête, les régions faciales en déterminent le caractère particulier, l'expression propre.

De longues discussions se sont établies au sujet de la suprématie esthétique du visage sur le corps.

Le visage charme, séduit, mais ne provoque pas le sentiment d'admiration puissante, irrésistible, éprouvé à la vue de la splendide beauté corporelle.

Peut-être est-ce à la rareté véritable des académies impeccables qu'on peut attribuer cette supériorité psychique? S'il est déjà difficile de rencontrer un visage de femme d'une indiscutable beauté, c'est une rareté encore plus grande de voir un corps qui « ait la simple correction linéaire des marbres connus et classés ».

L'attrait d'un visage expressif ne saurait faire oublier les défauts du corps et Sénèque disait déjà : « Une femme dont le visage nous fait oublier la bonne impression que nous a produite le riche contour de ses bras ou le galbe de ses jambes, n'est pas une belle femme. » Aristenète ajoute : « Quoique le visage de ma Limone surpasse en beauté celui de toute autre femme, elle ne peut se déshabiller sans que l'harmonie des lignes de son corps ne produise en moi un effet qui a bien vite supplanté celui que m'avait laissé sa ravissante figure. »

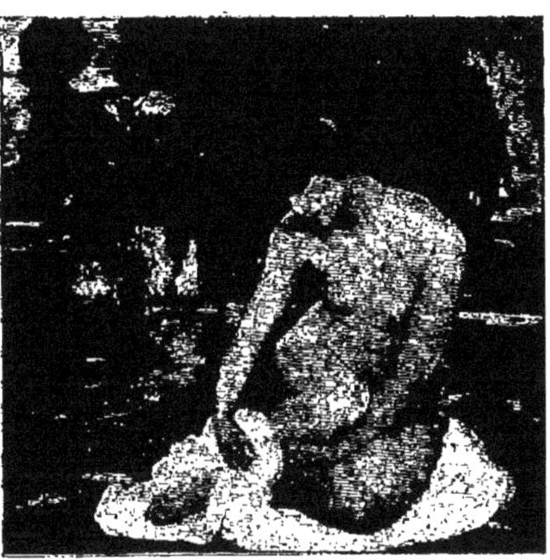

FIG. 84. — TYPE DE PROGNATHISME.
Baigneuse (Mlle Dufau).

Le joli visage d'une femme peut faire naître le désir; mais, pour retenir l'Amour, la beauté du corps est indispensable. D'ailleurs, quand, au lieu d'amour pur, il s'agit uniquement de volupté, la beauté du visage ne suffit pas à la faire sentir toute, il y faut joindre les impressions reçues de la forme, celles même que procure chacun des accessoires de la beauté, depuis le luxe des vêtements jusqu'aux parfums qui couronnent la symphonie des aphrodisiaques (M. Barrière).

Nous sommes malgré nous influencés dans ces appréciations par des contingences étrangères ; le visage restant constamment découvert, notre œil s'habitue à juger impartialement son caractère et cette habitude de n'apprécier la beauté que d'après la partie la mieux connue, le visage, nous fait oublier — si la figure est belle — tous les défauts du corps, tandis que tous les attraits physiques, d'une impeccable anatomie, sont souvent impuissants à faire pardonner un visage disgracieux.

Il faut donc un effort volontaire et conscient pour baser à ce point de vue loyalement son jugement sur les règles les plus justes et les plus équitables.

FIG. 85. — FIGURE LÉGÈREMENT PROGNATHE.
Type anglo-saxon, d'après C. Allan. Gilbert.

La forme du visage résulte de la valeur relative et des proportions différentes des os qui constituent son architecture. Il convient de mettre tout de suite en relief, parmi ces parties squelettiques, le *maxillaire supérieur,* qui régit à lui seul l'ordonnance générale du visage.

Autour du maxillaire supérieur se groupent tous les autres os de la face; à lui seul, en négligeant l'étroit inter-maxillaire, il détermine et dessine la partie faciale comprise entre le nez et la bouche; ses apophyses orbitaires limitent la cavité des yeux et la séparent du nez; les yeux, la bouche, le nez dépendent donc du développement du maxillaire supérieur.

La conformation de la lèvre supérieure est déterminée par la structure inférieure du maxillaire supérieur; sa direction même caractérise l'orientation de la face. Si le plan du maxillaire oblique en dehors, on réalise le prognathisme fréquent parmi la race anglaise († fig. 85) et représenté exactement par les modèles de Mlle Dufau qui tire de ce caractère de sensualité brutale et dure des sensations parfaitement harmonisées aux décors royaux et pourprés encadrant ces figures (fig. 84).

Le prognathisme est généralement accompagné d'un élargissement et d'un raccourcissement du nez; le maxillaire inférieur est également plus développé.

La direction exactement verticale du maxillaire supérieur et son étroitesse réalise l'orthognatisme, qui assure l'amincissement et l'allongement du nez.

Lorsque les apophyses montantes du maxillaire supérieur prennent un développement accentué, la racine du nez s'élargit en même temps que les yeux deviennent plus distants; si la portion moyenne de cet os est d'une largeur exagérée, l'arcade zygomatique se trouve rejetée en dehors, les pommettes sont très saillantes et le nez fait avec la direction du front un angle plus grand. La largeur, la petitesse, la proéminence du maxillaire supérieur sont des signes de dégénérescence ethnique constatés surtout chez la race nègre.

L'examen de la conformation du maxillaire supérieur est donc un point de repère des plus précieux dans l'estimation de la valeur esthétique du visage... Il est difficile de connaître exactement son relief et son étendue sur la figure vivante, mais on aura une idée approximative de son importance en appréciant la région comprise entre la base du nez, la lèvre supérieure et les deux plis s'irradiant des narines vers le menton.

Les visages présentant une distance exagérée du nez aux lèvres possèdent un maxillaire supérieur développé et offrent rarement des traits fins et expressifs; au contraire, la figure sera d'autant plus parfaite que le maxillaire supérieur sera étroit, et vertical : ces conditions accompagnent toujours un nez mince et fin, des pommettes peu saillantes, des dents harmonieusement disposées.

*
* *

Sur la charpente osseuse du visage se disposent les muscles donnant à la figure sa valeur sculpturale ; la confusion apparente des nombreux faisceaux musculaires du visage s'éclaircit lorsque l'on remarque qu'ils sont tous groupés autour des orifices du visage, yeux, bouche, nez, oreilles, qu'ils ont pour mission d'ouvrir ou de fermer;

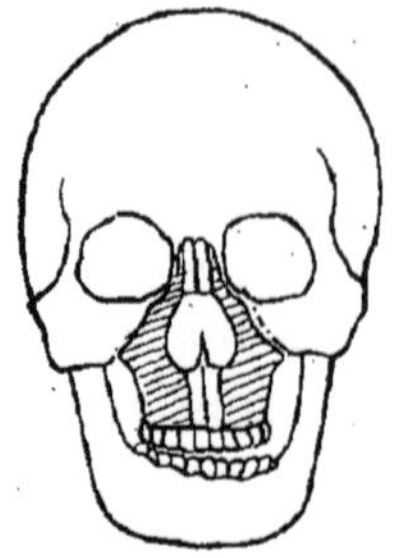
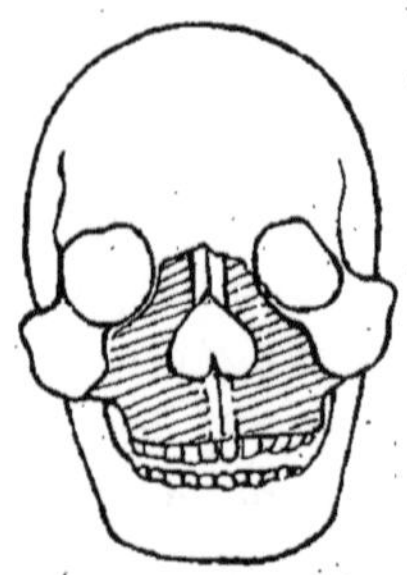

FIG. 86. — IMPORTANCE DU MAXILLAIRE SUPÉRIEUR DANS LA DISTINCTION DU VISAGE.

les muscles du premier groupe sont disposés concentriquement autour de l'orifice, les seconds rayonnent autour de lui (Merkel).

Les extrémités de certains muscles s'insèrent directement à la peau dans quelques régions du visage et les limites de ces insertions dessinent parmi le visage des sillons circonscrivant des régions parfaitement définies; c'est ainsi qu'on distingue, outre les sourcils, le sillon transversal situé entre la lèvre et le menton, les sillons symétriques s'irradiant des ailes du nez vers le bas du visage, ou des commissures des lèvres vers le menton. La délimitation plus ou moins accentuée de ces plans définit le « modelé » du visage.

Il est de gracieux visages aux saillies atténuées, aux contours fondus dans un ensemble doux et grave, mais rien n'atteint la suprême beauté des figures modelées où chaque relief des muscles, chaque dessin de la trame osseuse concourent, par le jeu changeant des lumières et des ombres, à intensifier l'expression du type.

Cette configuration des muscles influe sur la répartition du tissu adipeux; à l'intérieur des limites ainsi circonscrites aucun dépôt de graisse ne peut se constituer; c'est pourquoi, même chez les gens très gras, le front, le nez, la bouche et le menton sont toujours épargnés; par suite de l'accumulation du tissu adipeux aux joues, les sillons indiqués s'accusent même plus fortement.

Le visage est composé de tant de traits particuliers qu'une étude impartiale exige l'examen de chacune des parties constitutives.

IV

Les Yeux.

Les yeux réalisent, avec leur cadre somptueux les cils et les sourcils, le décor le plus émouvant de la beauté féminine. C'est dans le regard que l' « esprit » du type ethnique s'affirme et s'oriente vers la douceur, l'orgueil, la mélancolie; les yeux, « miroirs de l'âme », disent les poètes...

*
* *

L'œil possède une beauté absolue tenant à des caractères propres et une beauté « de situation » relative à son heureuse disposition parmi l'anatomie faciale, à l'harmonie ou au contraste qu'il présente avec les particularités offertes par les cils et les sourcils.

La cavité orbitaire est plus vaste chez la femme que chez l'homme, mais le globe de l'œil, qui atteint dès l'âge de huit ans son développement normal, est sensiblement de même diamètre chez tous les individus.

Les caractères de beauté de l'œil résideront donc dans la longueur de la fente palpébrale. L'ouverture oculaire limitée par les paupières doit être grande, bien ouverte; on connaît le charme tout spécial des yeux longs, effilés vers les tempes...

Tes yeux fins comme des lames
Grands comme des univers...

Il existe une relation étroite entre la forme générale de la tête et celle de l'orbite; les crânes longs présentent un œil bien fendu, allongé; les crânes courts ont une ouverture oculaire élargie suivant le type céphalique.

La paupière supérieure dessine une courbe dissymétrique, le rayon de courbure de la partie interne étant plus faible que celui de la partie externe, mais les variations de convexité et de longueur sont des plus capricieuses et ceci explique partiellement le charme différent des yeux apparemment semblables comme coloris.

FIG. 87. — LA PARISIENNE DU XXe SIÈCLE.
Type « Préjelan ».

La courbe de la paupière inférieure est régulière et symétrique, la pointe externe offre un angle variable, mais c'est exceptionnellement que cette pointe présente le retroussis particulier aux yeux égyptiens.

Les yeux des Chinois, des Japonais, des Mongols, etc... révèlent une obliquité caractéristique. Il faudrait voir dans ce bridement des paupières l'action manifeste du milieu; les peuples de ces régions devaient en effet cligner à demi les yeux pour supporter, au dehors des tentes, l'éclat de la neige étincelante, et pour ne pas être aveuglés par la fumée dans l'intérieur de ces primitives demeures (Vignola).

L'œil doit être bien dégagé, les paupières franchement ouvertes; cependant les défauts extrêmes sont inégalement défectueux... Un œil aux paupières trop saillantes est toujours d'une esthétique fâcheuse et d'une expression peu distinguée; au contraire, l'œil légèrement couvert peut exprimer une certaine douceur qui n'est pas sans attrait lorsque la disposition générale du visage s'oriente vers la rêverie ou la mélancolie.

L'appréciation de la grandeur de l'œil est parfois faussée par diverses circonstances, les yeux sombres paraissent toujours plus grands que les yeux clairs, et la structure des parties avoisinantes, le coloris des sourcils et des cils modifient également l'impression ressentie.

FIG. 88. — LA PARISIENNE DU XXe SIÈCLE.
Type « Guillaume ».

Les commissures des yeux doivent être sur le même plan horizontal lorsque les paupières sont fermées; l'œil étant ouvert, la commissure interne arrondie est un peu plus basse que la commissure externe caractérisée par sa forme aiguë.

Cette particularité s'exagère chez la race mongole où la commissure externe est sensiblement surélevée.

* * *

FIG. 89. — LA PARISIENNE DU XXe SIÈCLE.
Type « Gosé ».

Entre le sourcil et le bord de la paupière s'étend un pli délicat qui se développe horizontalement, lorsque l'œil s'entr'ouvre, pour se perdre dans la région du bord interne de l'orbite. L'obliquité des yeux des Mongoles est exagérée par la direction de ce pli qui recouvre complètement l'angle interne de l'œil, cache la caroncule lacrymale et finit dans la peau du nez.

Ce pli doit être normalement bien dessiné et s'étendre loin, vers la région des tempes, indiquant ainsi une vaste cavité orbitaire.

Les yeux doivent être éloignés l'un de l'autre de la largeur d'un œil.

* * *

L'impression produite par la nuance des yeux tient à trois facteurs : la blancheur du globe oculaire, la nuance de l'iris, le diamètre de la pupille.

Le globe oculaire doit présenter un éclat blanc-bleuâtre qui sait faire valoir à merveille la délicate cernure des

FIG. 90. — LA PARISIENNE AU XXe SIÈCLE. *Type « Galanis ».*

paupières et le coloris de l'iris, « globes d'un blanc mêlé d'azur, de l'azur même des cieux... » (Shakespeare) [1]. Rien n'est plus disgracieux que la teinte jaunâtre de la sclérotique constatée chez certaines populations, de sang noir principalement.

*
* *

Sous l'influence des variations de l'éclairement, la pupille rétrécit ou dilate son cercle noir, mais ces modifications de diamètre se traduisent suivant des vitesses différentes, selon les tempéraments et les nervosités. Il est des yeux, où sous la moindre émotion, la pupille s'étend et noie de son ombre les nuances diaprées de l'iris.

Au point de vue purement esthétique, le caractère réalisé par le développement excessif de la pupille révèle un charme particulier dont l'attrait dépend de la nuance particulière de l'iris.

Les yeux sombres aux pupilles très dilatées affaiblissent ainsi le charme de leurs tons noirs ou bruns délicatement expressifs.

Les yeux clairs, au contraire, peuvent revêtir une nouvelle beauté à voir leur cercle pâle rétréci; les yeux fau-

1. Shakespeare. *Cymbeline*, acte II, scène II.

ves, jaune foncé, à grande pupille, les yeux « bagués d'or » sont d'une séduction magique.

*
* *

Avec le coloris de l'iris nous parvenons au caractère le plus variable de la beauté de l'œil; les tons les plus rares, les nuances les plus subtiles se rencontrent sur les yeux des femmes.

FIG. 91. — LA PARISIENNE DU XXe SIÈCLE.
Type « Gerbault ».

Quelles clartés, reflets d'étoiles ou de lampes
Allongent dans les yeux de lumineuses rampes?

Les yeux clairs offrent toutes les gammes délicates des bleus, les dégradés savants des mauves, la douceur attirante des verts, les fines tonalités des gris.

De quoi sont clairs les yeux? d'où vient dans l'encensoir
La braise en feu? D'où vient la lave en ces fioles?
Sont-ils des jardins noirs ouverts aux lucioles?
Sont-ils le champ gelé d'un télescope, écran
D'une silencieuse armée en marche d'astres
Qui défile par le verre en s'y nacrant,
Piège où, tout intégral, vaste ciel, tu t'encastres [1]?

1. G. Rodenbach. *Le Voyage dans les yeux.*

Qui décrira jamais la douce expression des yeux bleus, depuis le bleu de mer ou bleu saphir, la nuance la plus rare, jusqu'au bleu pervenche presque violet, en passant par le bleu de lin, le bleu gris, le bleu faïence, le bleu d'améthiste, le bleu saphir? etc... Quelle palette pourra rendre la douceur des yeux gris d'acier, gris perle, gris clair, gris tourterelle, gris de plomb?

Le vert s'étend du vert glauque excessivement rare au vert de mer, le glaukopis des Hellènes; les mauves comprennent les délicates nuances unissant le bleu pervenche au gris de plomb.

Les yeux sombres affirment leur grandeur sévère avec les yeux marron clair, marron foncé, brun, noir cendré, noir de loutre, noir de velours.

FIG. 92. — LA PARISIENNE DU XXe SIÈCLE.
Type « Bac ».
Dessins de P. Diffloth.

On reconnaît un grand caractère de séduction aux yeux bruns qui paraissent parfois bleu foncé ou noir clair; la nuance marron foncé est, par contre, très commune.

Entre les yeux clairs et les yeux foncés se place la classe peu nombreuse des yeux « jaunes » : yeux dorés, marron clair ou fauve.

D'une manière générale, les femmes des nations septentrionales ont des yeux aux nuances pâles, irisés de ces délicates lueurs d'où la lumière elle-même semble s'irradier; les peuples méridionaux ont des yeux foncés ardents et sombres dont la chaude tonalité est particulièrement mise en valeur par le regard napolitain « capiteux, faux et limpide, velouté comme un fruit et qui renferme certainement la séduction quintessenciée des races latines[1] ».

FIG. 93. — LA PARISIENNE DU XXe SIÈCLE.
Type « Guydo ».

*
* *

La coloration dominante du voile de l'iris n'est pas le seul caractère à considérer : on perçoit aisément, sur le fond nuancé des stries, des taches imperceptibles réalisant les plus fines arabesques, et ce sont les yeux « striés d'or », les yeux « pailletés d'argent fin », les « longs yeux noirs étroits où l'amour met des points d'or[2] ».

Les associations de nuance les plus particulières peuvent être aussi réalisées : sur un fond de lapis-lazuli se détachent de capricieuses dentelures fauves, « du sable d'or fin dans un brisement de lames »; des stries bleu foncé irisent de larges yeux mauves.

Les Italiennes sont réputées par la beauté de leurs yeux,

1. V. Mandelstamm. *Suzannah.*
2. Pierre Valdagne. *Le Soin de ma Vertu.*

FIG. 94. — LA PARISIENNE DU XXe SIÈCLE.
Type « Cardona ».

beauté égale mais variée; en Sicile, où la femme possède vulgairement d'incomparables yeux, il est cependant des différences ineffables qui font par exemple les yeux de la Syracusaine spéciaux magnifiquement; « ils ont tant contemplé la grâce morte de leur ville, ils ont tant reflété de lumière sur le rivage d'Ortygie, qu'ils en ont gardé de la mélancolie et une patine d'or[1] ».

* * *

La présence des stries s'explique aisément en remarquant la constitution de la membrane de l'iris formée par la superposition de deux trames de fibres, les unes radiantes, les autres concentriques; l'entre-croisement de ces deux voiles diversement colorés laisse apercevoir les mailles fines des réseaux et des dentelures de tons différents.

Cette disposition particulière réalise aussi parfois le curieux phénomène des yeux « pers » dont la couleur varie avec l'heure, le jour ou l'humeur de la femme : tantôt bruns, tantôt verts, tantôt gris avec des tonalités changeantes.

Il est incontestable que certains yeux modifient sans raison apparente leurs colorations et offrent à

1. L. Vernon. *Terres de Lumière.*

l'admiration des hommes des charmes diversement nuancés.

Sous l'action de forces nerveuses latentes et cachées, sous l'empire d'une violente contrainte ou l'avènement d'une joie secrète, peut-être les fibres radiantes de l'iris modifient-elles le jeu délicat de leurs entre-croisements, laissant ainsi apparaître des tonalités nouvelles, inattendues et variables d'heure en heure.

« Est-ce que vous ne croyez pas que les yeux sont l'effort de la vie? Il me semble voir en eux la joie du monde... toutes les choses exquises y sont assemblées. Ce sont des eaux, des pierreries, de la lumière... du ciel aussi, des nuages, des aurores et des crépuscules... et qui rencontre un regard se sent pénétrer dans un univers[1]. »

* * *

La mobilité excessive du diamètre de l'iris produit un phénomène curieux parmi les yeux bleus, qui paraissent céruléens ou noirs suivant l'état d'âme de la femme; ainsi s'expliquent et s'apaisent les discussions soulevées par l'évaluation de la couleur du regard de certaines beautés féminines.

FIG. 95. — LA PARISIENNE DU XXe SIÈCLE.

Type « Iribe ».

Quelques observations permettent d'établir que la gaîté, la joie qui illu-

1. J.-H. Rosny. *La traverse du Fadeux.*

mine le cœur féminin, tendent à diminuer le diamètre de la pupille, l'œil pouvant sans doute se satisfaire de cette lueur intérieure et mystérieuse; la mélancolie, la tristesse élargissent l'ombre de la pupille comme si l'âme humaine cherchait dans la beauté lumineuse des paysages une brève et opportune consolation.

Les psychologues ont voulu voir dans ces mouvements réflexes de la pupille l'écho des passions intérieures de l'âme; les yeux se laisseraient ainsi tour à tour traverser par les flammes des désirs multiples ou les ombres des diverses mélancolies.

La surface limpide et claire de l'iris indique une nature sincère et réfléchie, mais dès que les remous de la passion agitent les bas-fonds de l'âme humaine, les tourbillons formés portent jusqu'à la claire surface de l'iris — aquarium mental — les ondes mourantes et troubles des mauvais désirs.

Les yeux sont-ils des fenêtres d'orphelinats
Se voilant contre le dehors, et tout en quête
De rideaux vaporeux, mousseline en frimas?
Mais parmi cette neige une flamme empiète,

Echo d'un foyer rouge et qui somnole un peu,
Plus au fond, tout au fond dans la Maison de l'Ame,
Où vont et viennent et s'assoient autour du feu
Les Passions avec leur visage de femme [1].

On ne saurait interpréter plus poétiquement des phénomènes physiologiques aussi précis.

*
* *

L'iris peut présenter quelques particularités intéressantes : parfois le bord extérieur est serti de noir, comme on le constate sur les yeux bleu saphir; parfois, c'est un cercle clair qui s'étend autour de la prunelle.

1. G. Rodenbach. *Le Voyage dans les yeux.*

Cette disposition est commune chez les femmes des Ostiaks et des Esquimaux.

*
* *

Outre la couleur même de l'iris, l'œil présente un éclat particulier ; il est des yeux qui resplendissent dans l'ombre, d'autres sont ternes et sans éclat, comme si les larmes les avaient silencieusement usés.

FIG. 96. — SOURCILS D'UN DESSIN DÉFECTUEUX
Joséphine de Beauharnais.

*
* *

Les cils voilent l'éclat du regard sous leur frange soyeuse. En réalité, la nuance de l'œil est mise particulièrement en valeur par le fond sombre qui l'entoure ; les cils noirs ont donc une supériorité incontestable sur les cils blonds, surtout lorsqu'ils accompagnent des yeux bleus.

Les cils longs, à pointe légèrement relevée, donnent au visage féminin une expression ravissante. C'est de ce charme particulier que d'Annunzio a tiré son délicat leitmotiv de l'*Intrus*.

« ...Ses cils mettaient en haut de ses joues une ombre qui me troublait plus qu'un regard. »

*
* *

Les sourcils intéressent la beauté de l'œil par l'ombre qu'ils projettent et l'importance qu'ils donnent à la nuance particulière de l'iris.

Leur dessin, leur couleur modifient étrangement la physionomie, comme l'atteste l'usage des fards et des teintures.

Le rôle des sourcils dans l'affirmation de la beauté de l'œil est si net que les femmes japonaises, pour rassurer la défiance de leurs maris facilement jaloux, non seulement se noircissaient les dents, mais encore se rasaient les sourcils; l'épilation des sourcils chez les Égyptiens était une manifestation solennelle et publique de deuil.

La beauté du sourcil réside dans sa courbe régulièrement arquée, et la finesse de ses contours. Rien n'est plus rare qu'un beau sourcil, et tous les profils défectueux sont également représentés : sourcils épais, irréguliers, sourcils en accent circonflexe, à prolongement médian, sourcils non continus, etc. (fig. 96).

Les beaux sourcils sont fins, modérément fournis, régulièrement cintrés, à pointes légères; l'extrémité interne s'arrête à la racine du nez, la pointe externe s'atténue et s'efface délicatement.

Le développement des cavités orbitaires étant un des caractères ethniques du type féminin, les sourcils seront d'autant plus beaux qu'ils seront plus arqués; les sourcils touffus étant l'indice de caractères masculins ou d'un âge avancé, on recherchera les sourcils étroits et lisses.

*
* *

Les cils, les sourcils, les paupières réalisent le délicat décor où resplendira la beauté de l'œil.

Les chairs présentent parfois, autour de l'orbite, de délicates nuances ambrées, nacre fine où l'amour marque ses combats. Ces tons délicieusement neutres font merveilleusement valoir la blancheur du globe oculaire et le coloris éclatant de l'iris; c'est pour cette raison que l'usage du kohol, des fards est aussi ancienne que la coquetterie féminine.

*
* *

De tout temps, l'expression mobile et fugace des yeux a servi aux femmes de langage cabalistique et mystérieux au service de leurs passions amoureuses.

Rien n'est éloquent comme un regard de femme; tour à tour prière, appel, supplication, moquerie, il sait peindre l'amour, ranimer l'espoir, éloigner le désir.

La femme était trop habile pour ne pas devenir experte dans cet art délicat et subtil. Sous les cieux divers les yeux entament, les premiers, le duel amoureux : c'est l'*œillade* française, preste, mutine, un tantinet perverse et moqueuse ; c'est la brûlante *ojeada* espagnole avec toutes ses promesses de lourdes voluptés ; c'est la violente *occhiata* italienne, plus chaste, plus émue; c'est encore l'*olhade* portugaise avec sa prière douloureuse et contenue.

V

Le Nez.

La race humaine présente sur les espèces animales une supériorité ethnique incontestable résidant dans le relief accentué de l'appendice nasal.

Tandis que chez la plupart des animaux les os du nez sont encastrés dans les autres os faciaux, la nature s'est complue à modeler hardiment le nez humain sans que cette particularité pût conférer d'ailleurs à notre race une supériorité quelconque au point de vue du sens olfactique.

Le flair de l'homme est évidemment inférieur à celui du chien, du loup, du cheval, et voilà un argument qui semble peu compatible avec les théories évolutionnistes de Darwin.

La hardiesse même du geste délibéré par lequel la nature façonna le nez humain, laisse craindre quelque faiblesse d'exécution dans l'édification de cette œuvre délicate et, de fait, s'il est possible et même fréquent de rencontrer de jolis yeux, des bouches expressives, rien n'est plus rare qu'un nez parfait.

*
* *

La morphologie particulière du nez permet de distinguer dans ses différentes parties la racine du nez, l'arête, le bout du nez, les ailes, les narines.

FIG. 97. — NEZ BILABIÉ: *Marquise Visconti* (Gérard).

La racine du nez réalise la région que l'on dénominait autrefois l'*entr'œil*; les divers plans qui la constituent doivent s'unir avec les frontaux, suivant une courbe régulière faiblement infléchie et dont la concavité varie avec les types et les races; on connaît le caractère régulier des profils grecs où le nez continue sans interruption la courbe du front. Les femmes arabes présentent également un nez fin à extrémité recourbée, dont la ligne s'unit sans ressaut aux tables frontales.

Les statuaires classiques ont donné évidemment la préférence au profil grec parce qu'il reste toujours beau, quel que soit le point d'où on le regarde (Brucke).

L'art et la science se trouvent d'ailleurs en parfait accord pour glorifier ce facies; un profil grec implique nécessairement un maxillaire supérieur étroit et long, c'est-à-dire des sourcils hauts et arqués, des pommettes peu saillantes et le dos du nez étroit (Stratz).

Le profil antique se rencontre encore actuellement en Italie, en Allemagne même, et on trouve de nos jours, à Smyrne, ce type réalisé dans toute sa pureté.

En dehors de cette forme particulière, d'autres attaches du nez peuvent présenter une beauté indiscutable.

Il importe surtout que la racine du nez ne soit pas implantée profondément dans les tables frontales. Le visage emprunte à ce dernier trait un caractère de dureté et de vulgarité des plus particuliers.

Le nez romain, à racine saillante, est également esthétique, si l'arête du nez est mince. L'angle du nez et du front peut être très obtus sans que la beauté disparaisse ; il faut, dans ce cas, que le nez soit droit, mince et pas trop court.

*
* *

L'arête nasale caractérise la forme du nez et ses nombreuses variétés, nez aquilins, bourboniens, césariens, nez droits, camus, retroussés...

Sans aucun doute les nez fins à arête délicatement modelée sont les plus beaux, quelle que soit d'ailleurs la courbure de cette arête, pourvu que le dessin en soit cependant rectiligne ou convexe. Les nez concaves ont besoin d'être caractérisés de « spirituels », de « mutins », d' « effrontés » pour voir leur charme imprécis s'affirmer.

*
* *

Chez la femme de race, le nez est toujours parfait, fin et le plus souvent à courbure assez prononcée.

« Certains physiologues prétendent que la longueur du nez est l'indice de la valeur de l'esprit, de la distinction et qu'on ne peut être un grand homme que si l'on a un grand nez. Beaucoup de physiologues femelles tirent aussi de la dimension de cette partie du visage un augure on ne peut plus heureux. » (Th. Gautier.) En réalité, les proportions du nez ne doivent pas s'écarter des limites prévues par l'ordonnance générale du visage.

La remarque — exacte d'ailleurs — de l'exagération

de la courbure et des proportions du nez parmi les types de race a seule pu donner naissance à ces appréciations trop flatteuses.

*
* *

Tandis que les yeux et la bouche donnent au visage son *expression*, c'est-à-dire la valeur morale de la figure, le nez synthétise sa valeur architecturale, physique ; c'est le nez qui communique au facies son *caractère*.

De là l'importance de cette partie du visage, et le mot de Pascal sur le nez de Cléopâtre est d'une exactitude précise : « S'il eût été plus court, toute la face de la terre auroit changé ».

*
* *

L'extrémité du nez est peut-être le travail le plus délicat de ce chef-d'œuvre que réalise un beau nez ; elle est délimitée et modelée par les ailes latérales, le plan inférieur et l'arête centrale ; son dessin doit se poursuivre suivant l' « esprit » même de la portion centrale.

Un nez mince à fine arête se terminera en pointe légère : le nez charnu peut s'épanouir modérément. Les nez à extrémité large et divisée en deux lobes indiquent, paraît-il, une grande générosité du cœur, mais ce caractère est dénuée de toute valeur esthétique (fig. 97).

*
* *

Les narines seront délicatement ciselées ; leur mobilité révèle un caractère sensible, impressionnable et l'agitation d'une âme inquiète et poétique. Les ailes des narines peuvent être finement arquées avec un relief accentué, le modèle peut en être des plus flous ; les narines fines, échancrées et vibrantes, synthétisent toujours un type de race.

VI

La Bouche.

Les caractères de beauté de la bouche résident à priori dans sa petitesse. Cette affirmation est en complet désaccord avec la théorie de Schopenhauer.

D'après ce docte philosophe, le choix de l'homme dans les recherches amoureuses serait uniquement guidé par le désir d'assurer à sa descendance les conditions les plus favorables. Si les grands yeux plaisent aux amants, c'est qu'ils assurent par hérédité au fruit de leur union une puissance de visibilité intense; les dents saines et blanches transmettront un pouvoir digestif plus considérable; une gorge opulente laisse espérer un allaitement copieux, etc.

En application de cette hypothèse, l'homme eût dû rechercher une bouche grande et charnue, indice d'un fort appétit et de fonctions assimilatrices puissantes, tandis qu'en réalité la petitesse de la bouche, pourvu qu'elle en soit pas excessive, constitue un « des mille attraits de la beauté ».

Cette recherche se justifie par la forme même du visage, dont l'ovale s'affine vers sa partie inférieure; une grande bouche interrompt disgracieusement cette harmonie.

Après les dimensions se placent les caractères de structure, de dessin, de densité et de couleur.

La bouche prend son expression de l'ensemble des

deux lèvres. La lèvre supérieure, « arc tendu par l'Amour », doit dessiner une courbe régulièrement cintrée, présentant au sommet le fin sinus de la gouttière nasale ; l'épaisseur diminue insensiblement jusqu'aux commissures.

La lèvre inférieure est d'un profil plus régulier et moins expressif.

On a longuement épilogué sur la valeur diagnostique des lèvres dans l'appréciation du tempérament ; les lèvres épaisses passent pour être voluptueuses, sensuelles ; les lèvres minces indiqueraient le prosaïsme des sentiments, la sécheresse du cœur. Il semble qu'on ait appliqué bien légèrement la loi physiologique qui lie le développement de l'organe à la fonction ; à la rigueur, les lèvres épaisses peuvent révéler un besoin nutritif intensif, sans qu'on en puisse conclure que cette recherche vise particulièrement les choses de l'amour.

*
* *

Les lèvres doivent être fermes, fraîches, d'un vif éclat ; c'est la bouche qui donne au baiser son esprit et son parfum. Les dents seront régulièrement plantées, blanches et polies, les deux incisives supérieures sont particulièrement larges chez la femme.

La longueur de la fente labiale doit être dans le rapport de 2 à 3 avec la longueur de l'œil ; les yeux étant distants de la longueur d'un œil, il en résulte que la distance des commissures des lèvres est la moitié de l'écartement des angles externes des yeux.

*
* *

Il est un trait de beauté souvent méconnu, qui réside dans l'orientation des plans respectifs des deux lèvres.

Certaines bouches se replient, se voilent pudiquement

et semblent se rétracter, formant avec le plan horizontal un angle très aigu ; d'autres lèvres disposent leurs plans presque verticalement, offrant au baiser de l'homme leur douce muraille satinée.

*
* *

La disposition réciproque des deux lèvres joue un rôle important dans l'expression de la bouche ; il est des lèvres jointes et parfaitement concordantes ; d'autres sont en continuel divorce, toujours distantes et hostiles. Dans une bouche bien dessinée la lèvre supérieure doit être un peu plus saillante que la lèvre inférieure ; cette particularité, spéciale au sexe féminin, tient au développement plus faible du maxillaire inférieur ; parfois la lèvre inférieure s'avance et ploie « comme sous le poids du baiser[1] ».

La lèvre supérieure peut être trop courte, on le constate fréquemment chez les Anglaises ; au contraire, elle est développée chez les nègres au delà des limites normales. Ce dernier trait résulte presque toujours de l'importance exagérée de la mâchoire supérieure et coïncide avec des pommettes très saillantes.

Les commissures des lèvres renferment dans leurs minces replis l'expression momentanée du visage ; les sourires furtifs, l'anxiété passagère se reflètent dans cet étroit sinus. Sur certaines figures mobiles et passionnées, les coins des lèvres changent à chaque instant de forme et d'expression, « tantôt invisibles, tantôt retroussés, tantôt ronds ou minces, comme animés d'une flamme variable[2] ».

La bouche possède son caractère propre, son esprit particulier : il en est de gaies, de sévères, de railleuses,

1. M. Leblanc. *Nouvelles.*
2. P. Louys. *La Femme et le pantin.*

de puériles, de tendres, de mélancoliques, sans qu'on puisse préciser le trait spécial qui synthétise cet état psychique.

Il faut voir parler une femme pour comprendre le véritable esprit de sa bouche; il est même parfois utile — ô Byron — de la voir « manger » pour en saisir toute la délicatesse et la grâce. Le langage fait ressentir le caractère de la bouche et son expression latente. On a souvent, à ce jeu, de cruelles déceptions; car si l'esprit donne parfois aux femmes laides des éclairs de beauté, les plus belles figures peuvent être affligées de mouvements de contraction passagère qui les enlaidissent.

*
* *

Tout le monde s'accorde à reconnaître aux visages une « expression » individuelle sans pouvoir cependant placer exactement le centre « émotif » des physionomies. *L'expression d'un visage résulte, en réalité, de l'accord parfait entre le sens du regard et l'esprit de la bouche.*

Le rôle des lèvres, à cause de leur mobilité, de la variabilité de leurs caractères, se révèle ainsi prépondérant. Les yeux ont à leur service des moyens d'interprétation moins variables; ils peuvent cependant par leur fixité exprimer la mélancolie; la paupière voilée révèle la douceur, le regard baissé est le privilège de la candeur, l'éclat d'un œil noir appelle la volupté, etc., mais combien plus nuancées et plus diverses apparaissent les expressions des lèvres.

L'expression particulière de la bouche est certes d'une perception moins aisée ; il faut une éducation spéciale, un esprit affiné et l'amour de ces recherches pour savoir distinguer sur une jolie bouche les mille nuances de la raillerie, de l'ironie, de la tristesse, de la quiétude.

Lorsque fortuitement les deux sentiments, définis par

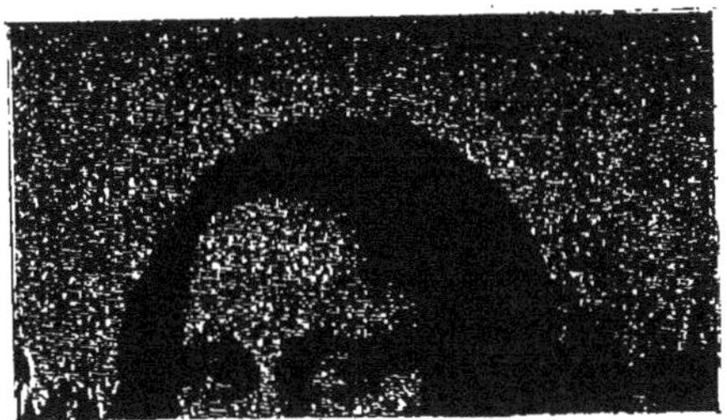

FIG. 98. — LA JOCONDE.
Les yeux sont tristes...

les yeux et la bouche sont concordants ou plus simplement du même ordre, le visage est alors divinement expressif.

*
* *

Exceptionnellement, le désaccord ou l'opposition entre le « caractère moral » de chacun de ces traits peut être un charme particulier.

Bien des générations ont passé devant l'énigmatique figure de la Joconde sans pouvoir en démêler l'expression mystérieuse. « De quelle planète est tombé, au milieu d'un paysage d'azur, cet être étrange avec son regard qui promet des voluptés inconnues et son sourire divinement ironique ; la pénombre des yeux profonds cache des secrets inédits aux profanes et les inflexions de leurs lèvres moqueuses conviennent à des dieux qui savent tout et méprisent doucement les vulgarités humaines. » (Th. Gautier.)

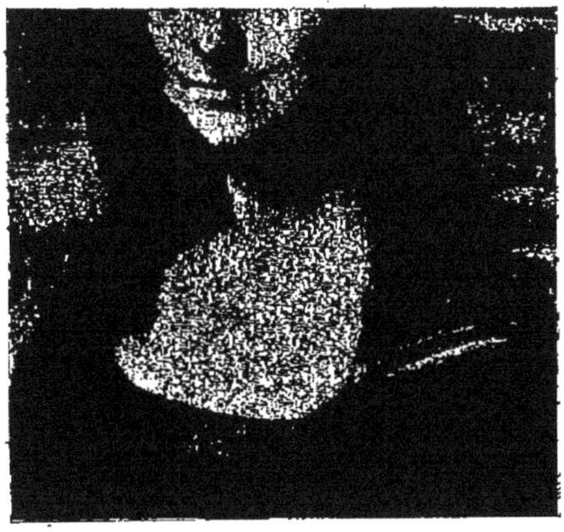

FIG. 99. — LA JOCONDE.
La bouche sourit.

Le charme étrange du portrait

de Monna Lisa del Giocondo tient tout entier dans l'opposition entre la tristesse des yeux et le sourire des lèvres (fig. 98 et 99).

*
* *

L'expression d'un visage demeure parfois latente ou confuse ; pour en démêler tout l'esprit, il faut l'illumination de l'amour ou mieux l'emprise de la volupté. Le plaisir illumine une figure, lui donne son véritable esprit et quelquefois révèle dans un visage laid une expression divine insoupçonnée ; par contre, il est de jolis visages — surtout ceux à profil anguleux — que la volupté défigure.

*
* *

La femme véritablement supérieure saura adapter à l'expression de son visage non seulement sa coiffure, ses parures, mais jusqu'à ses attitudes. Ainsi réalisera-t-elle un chef-d'œuvre parfait où les yeux, l'esprit et le cœur des hommes reconnaîtront également l'idéal rêvé.

Les Japonais, peuple subtil et ingénieux, s'efforcent de donner à chaque trait féminin une signification artistique et morale ; le visage de la femme aimée est une façon de jardin mystique « à la gloire de leur pays ». Ils le veulent long, mince et plat autour des yeux afin que l'expression en soit plus douce ; les sourcils très hauts, à peine indiqués, en accentuent encore la douceur attentive et soumise ; le nez, un peu bas à sa racine, s'amincit d'une courbe élégante. Les lèvres petites, pleines et rouges, dans leur ignorance éternelle du baiser, luiront de l'éclat des cerises japonaises, qui ne mûrissent que pour le plaisir des yeux. Le cou qui s'infléchit et s'allonge — un vrai cou de cygne — s'harmonisera dans leur vision des choses avec le profil onduleux des collines à l'horizon, et sous les coques de cheveux noirs aussi brillants

FIG. 100. — TYPE JAPONAIS.

que les laques des temples, le front élevé, mais plus large à la base, va se rétrécisant comme l'auguste et blanche pyramide du Mont Fuzi[1].

Il faut louer certes l'ingéniosité de ce peuple artiste qui, sentant confusément le rapport étroit entre le milieu et le type naturel, s'efforce d'en révéler ainsi l'harmonieuse entente.

*
* *

L'oreille joue un rôle peu important dans la caractéristique de l'esthétique du visage. Il faut dénier à l'oreille tout caractère de beauté intrinsèque, et véritablement l'utilité de ces nombreux replis, de ces bizarres cavités, avait besoin de nous être démontrée par la nécessité de recueillir ainsi toutes les dissonances, de quelque côté qu'elles arrivent, pour justifier pareille architecture.

L'oreille, organe utile mais non esthétique, devra donc s'effacer dans l'harmonie générale; ses caractères, de supériorité esthétique, seront négatifs et se résumeront dans sa brièveté, sa forme régulière et son application contre la paroi cranienne.

L'ouverture du canal auditif externe doit se trouver sur le niveau horizontal du bord supérieur de l'aile du nez; l'extrémité supérieure de la conque oriculaire ne dépasse pas le bord supérieur de la cavité orbitaire.

1. A. Bellesort. *Voyage au Japon.*

VII

De la forme du visage.

Suivant une méthode couramment utilisée en géométrie analytique pour définir les volumes, nous établirons, pour étudier la forme du visage, les projections de la tête sur trois plans se coupant à angle droit ; en termes plus usuels, le caractère esthétique de la figure humaine sera déterminé par l'*ovale* du visage (projection sur le plan des X Y), le *profil* (projection sur le plan des X Z) et la *forme particulière du crâne* (projection sur le plan des Y Z).

L'étude de la configuration cranienne ayant trouvé place dans d'autres chapitres, nous examinerons simplement les caractères de l'ovale et du profil.

*
* *

L'ovale peut être allongé ou tendre vers la forme circulaire. Bien que les poètes persans aient longuement célébré la « beauté des filles de Chiraz à face de lune », l'ovale effilé réalise un charme plus généralement apprécié. La plus grande largeur du visage est située au niveau du bord inférieur des orbites et diminue progressivement jusqu'au menton.

La forme circulaire est d'ailleurs la limite extrême, et

certaines figures où les traits sont uniformément développés en longueur, y compris le diamètre transversal du visage, peuvent présenter un certain caractère de gaîté spirituelle, de mutinerie, sans atteindre jamais cependant à la véritable beauté.

*
* *

La valeur esthétique de l'ovale s'affirme par l'épanouissement et la fermeté des chairs; l'ovale régulier parfait ne se réalise que sur les organismes à santé parfaite; les physionomies affinées, les types de race présentent une courbure plus amincie que Stendahl reprochait déjà aux visages français.

Cependant l'ovale tant vanté des madones de Raphaël (fig. 101) nous semble actuellement manquer de distinction. Notre esthétique moderne nous détermine à préférer une forme un peu plus amincie.

Normalement la figure féminine est d'un ovale plus arrondi que le visage masculin, cette particularité tenant au développement plus sensible de l'intermaxillaire entraînant, en même temps que la dimension plus forte des deux incisives supérieures, une largeur plus grande de la face au-dessus des pommettes (Schaafhausen).

Deux défauts peuvent détruire la pureté de l'ovale : la saillie des pommettes et la forme défectueuse du menton.

Les pommettes doivent se fondre harmonieusement dans le modèle des joues, sans donner au visage une forme carrée et vulgaire.

Le menton sera de préférence ovalaire et se raccordera sans discontinuer avec le contour du visage.

Les mentons carrés sont défectueux. Cette tare est d'ailleurs rare chez la femme où le maxillaire inférieur

FIG. 101. — MADONE DE RAPHAËL.
La Belle Jardinière. Musée du Louvre.

est petit, léger (Morselli), et présente des apophyses articulaires obliques déterminant un amincissement régulier du visage à partir de la région moyenne du menton.

Les fossettes des joues, dues à l'action isolée d'un muscle qui aboutit à cet endroit, donnent au visage une grâce mutine et souriante.

La fossette du menton est un des plus fins agréments du visage féminin; c'est la tension des muscles resserrés à cet endroit qui forme ce « nid de baisers ».

En Autriche où le « Grüberl im Kinn » est célébré dans les chansons populaires, on rencontre fréquemment la fossette du menton (Dr Stratz).

*
* *

Sans employer les termes de brachyprosope, mésoprosope, dolichoprosope, on peut reconnaître qu'il est des visages à ovale court, d'autres à ovale allongé et à ovale moyen.

Les ovales courts offrent l'inconvénient de ne pas permettre le libre épanouissement des traits; les yeux, le nez, la bouche ainsi rassemblés voient leurs défauts linéaires s'accentuer et les moindres imperfections ou vices de construction sont aisément perceptibles.

*
* *

Suivant les règles des canons, le visage se divise ainsi : l'axe vertical est partagé en trois parties égales, depuis le sommet du front jusqu'à la limite supérieure des yeux, de ce point à la base du nez et de la base du nez au menton.

La plus grande largeur au-dessus des tempes doit être, à la longueur du visage, dans le rapport de 2 à 3.

*
* *

La projection du visage sur le deuxième plan réalise le profil.

La plus grande diversité est offerte par le profil humain, chaque élément apportant son trait particulier dans la synthèse générale. Il n'est pas jusqu'à la liaison même de ces parties qui ne joue un rôle important.

L'étude précédente ayant montré la diversité de caractère de chacun de ces traits, front, nez, bouche, menton, on comprendra combien les profils offrent de diversité.

Nous avons pu les classer cependant, suivant la valeur de leur courbe, en *concaviligne, rectiligne, convexiligne;* un autre groupement peut s'appuyer sur l'accentuation du relief général et séparer ainsi les *profils à caractère* des *profils atténués*. Dans chaque classe les lignes du profil peuvent être d'ailleurs droites, convexes ou concaves; il est des visages *à caractère* convexiligne, concaviligne ou rectiligne, de même qu'il existe des bréviligne, des médiolignes, des longilignes dans chaque catégorie de profil (fig. 72 à 77).

VIII

De la Chevelure.

La chevelure complète la beauté du visage en plaçant les traits dans le cadre que nécessite leur perfection.

Les savants se sont trouvés fort embarrassés d'expliquer le développement de la chevelure féminine dont l'utilité vitale et naturelle est évidemment contestable. Les artistes se contentent de louer la nature et d'admirer le génie avec lequel les délicates teintes mobiles des cheveux savent mettre en valeur la carnation du visage ou l'éclat des yeux. Les cheveux de la femme atteignent en moyenne 75 centimètres, mais on rencontre des tresses d'une longueur beaucoup plus considérable pouvant dépasser $1^{m},50$.

*
* *

La nuance des cheveux sert à préciser nettement le caractère esthétique du visage.

Les têtes des femmes italiennes présentent la finesse la plus passionnée unie à la plus rare élégance ; la couleur noire des cheveux et des sourcils leur donne l'air froid et sombre jusqu'à ce qu'un mouvement de l'âme vienne les animer.

Les blonds cheveux des Anglaises leur communiquent cette fraîcheur sans égale, cette grâce un peu voilée, si bien parée par ce sourire de l'enfance, qui semble promettre d'avance de reconnaître un maître absolu dans l'homme qu'elles aimeront. Mais, ajoute Stendhal, l'air de soumission des beautés anglaises laisse concevoir la possibilité de l'ennui, tandis que le feu italien détruit à jamais la moindre idée de ce grand ennemi de l'amour heureux.

*
* *

Les conditions de beauté de la chevelure intéressent la finesse et la souplesse des cheveux d'une part et, d'autre part, leur nuance particulière.

La chevelure sera naturellement abondante, fine, soyeuse, mais son plus grand charme résidera dans la forme onduleuse des mèches, délicats méandres où la lumière placera ses plus pures irisations, harmonieux contours dont le caprice saura mettre en valeur la mutinerie ou la correction du visage.

Les cheveux fins sont toujours souples, mais bien peu réalisent naturellement cette large ondulation à grandes vagues qui est le propre de la beauté parfaite de la chevelure.

Les cheveux plats et raides peuvent voir leurs défauts atténués par l'art de la coiffure, mais il convient de faire immédiatement remarquer le caractère antiesthétique de la « *frisure* ».

La beauté réside dans la ligne ; que les avis soient partagés sur la courbure la plus favorable, volute majestueusement développée ou boucles gracieusement tombantes, — soit ; — mais la critique la plus sévère doit bannir à jamais la frisure qui consacre la négation de la ligne.

Cette auréole imprécise qui nimbe le visage de son contour flou et vague parvient même à masquer les jolis tons changeants des cheveux et à tout confondre dans une grisaille sans reflets.

*
* *

L'ondulation, cette forme harmonieuse de la ligne, est d'origine « divine » ; l'ondulation, c'est la courbe gracieuse de la tige sous la caresse du vent, c'est le soulèvement rythmé et mystérieux des vagues, c'est toute la beauté du mouvement.

La frisure, c'est la trépidation, la saccade, c'est toute l'industrie humaine, la forme « sinusoïdale » et « mathématique ».

Tous les hommes de goût devraient s'insurger contre le despotisme de l'affreux instrument de ce vandalisme « le bigoudis » dont le nom seul justifierait l'exécration des foules, le bigoudis, destructeur de toute beauté lorsqu'il est « en situation » et profanateur de l'harmonieuse ligne.

*
* *

La plus simple classification des chevelures au point de vue de leur nuance consiste à les grouper en blondes, rousses, châtaines, noires, encore que chaque catégorie comporte une infinité de nuances.

Dès les premiers âges de l'humanité, la même question s'est posée aux rhéteurs, aux artistes et aux amants. L'idéal parfait de la beauté féminine doit-il revêtir la forme de la grâce langoureuse des blondes ou se parer du charme piquant des brunes?

Le seul mortel qui n'ait pas eu, sur ce chapitre, à manifester quelque hésitation fut Adam, notre premier père. Mais notre documentation à cet égard est des plus précaires. Ève était-elle brune ou blonde ?

Les poètes et les artistes se sont plu à représenter la première femme parée d'une opulente chevelure blonde.

> Pour ses longs cheveux d'or fluide et vermeil
> Dieu avait pris l'éclat des rayons du soleil
> Et pour sa chair superbe, il avait pris les roses.

Milton, dans son *Paradis perdu*, peint Ève d'un seul trait :

Elle se tenait immobile dans l'enroulement de ses cheveux blonds.

Or *théoriquement* Ève devait être *rousse*.

*
* *

La variabilité de la nuance des cheveux est évidemment l'œuvre du climat : les régions septentrionales présentent des facies blonds ; parmi les nations méridionales, le type brun prédomine.

La nature évidemment partiale avait dû créer le couple primitif à égale distance de ces deux extrêmes pour que les influences mésologiques puissent s'exercer avec une même facilité dans ce double sens. La nuance rousse caractérise une pigmentation moyenne ; donc, par *raison de symétrie*, Dieu dut créer Ève avec une chevelure rousse.

*
* *

Cette assertion peut s'appuyer sur d'autres faits également probants. On a reconnu que la livrée primitive des races animales était fauve. Le cheval sauvage est de robe fauve avec des zébrures ; le lion, le loup, restés très près de l'état naturel, sont de livrée semblable.

La nature humaine dut suivre ces préceptes et s'orienter vers le type fauve.

D'ailleurs les traditions anciennes nous représentent les dieux immortels avec des yeux clairs et des cheveux roux. « La déesse Roma était *flava* et *candida*, fauve et blanche ; dans la tradition latine, Romulus et Remus ont le crin jaune [1]. »

1. A. France. *Sur la pierre blanche*.

*
* *

Parmi toutes les populations humaines, il naît de temps à autre et sans raison logique des individus roux; ce phénomène, auquel on a donné le nom d' « érithrysme », ne peut s'expliquer que par un retour fortuit à la forme ancestrale par simple réversion.

*
* *

D'ailleurs, au point de vue scientifique, la chevelure rousse est la plus parfaite; la qualité du cheveu est incomparable chez les rousses et — résultat dûment constaté — l'attache des cheveux aux follicules pileux est beaucoup plus faible chez les blondes et les brunes. La peau des rousses est la plus blanche et la plus fine.

Le type « intégral » de la femme, pour cette nouvelle raison, devait être roux; il n'est pas jusqu'à l'odeur, si souvent reprochée aux femmes rousses, qui n'indique une intensité de puissance vitale révélant une prééminence indiscutable.

*
* *

La chimie, par les artifices savants des teintures, nous a récemment révélé la valeur esthétique des cheveux roux; il est des teintes acajou, brun, fauve, admirables par leurs reflets cuivrés; et le peintre Henner a su montrer quelle valeur prennent, sous cette chaude patine, les tons ivoirins du visage et du corps féminin.

Le discrédit dans lequel semblaient tombées les chevelures rousses peut tenir à la difficulté de trouver parmi le vêtement moderne les tonalités adéquates à cette nuance.

Alors que les blondes utilisent avec agrément les

nuances neutres et composites dont se pare l'élégance moderne et surtout le noir — le noir est le fard des blondes, aussi toutes les veuves le deviennent-elles ; la femme est le seul animal qui blondisse en vieillissant (J. Lorrain), — alors que les brunes trouvent de délicates harmonies de tons pour la mise en valeur de leur teint, les rousses sont peu favorisées par l'esthétique moderne du vêtement. La rousse n'est véritablement dans tout l'éclat de sa splendeur que parée de sa seule pudeur; c'est dans son incomparable nudité qu'il faut admirer la beauté des rousses.

*
* *

Il est curieux de constater qu'aucune incertitude ne règne au sujet des nuances de chevelure des déesses de la mythologie antique.

Vénus sans contredit était blonde... « Ses cheveux blonds flottaient en désordre sur son front couronné des roses du plaisir, sa ceinture divine était à demi dénouée, ses yeux mouraient de langueur, ses lèvres brûlaient de volupté... » (Demoustier.)

Junon portait fièrement le casque de ses noirs cheveux; le croissant de Diane brillait sur les boucles d'une chevelure sombre ; l'infortunée Psyché était blonde; la sage Minerve avait adopté prudemment la nuance châtain, et Cérès était blonde comme les blés qui ceignaient son front.

Le premier arrêt officiel porté sur le grave débat de la supériorité esthétique des blondes ou des brunes est nettement favorable aux blondes. Le berger Pâris manifeste librement sa préférence pour la blonde Vénus au détriment de la majestueuse Junon et de la prudente Minerve.

Mais, depuis lors, ce choix n'a pas été universellement

ratifié, et les hommes indécis et perplexes ont porté alternativement leurs hommages aux boucles blondes et aux cheveux noirs, souvent même aux deux à la fois.

Il faut cependant loyalement reconnaître que, *dans les temps historiques*, les blondes ont rencontré plus d'enthousiastes admirateurs.

Un poète du XVIe siècle n'écrivait-il pas :

Le blond ajoute à la beauté
Un doux attrait qui nous enchante.
Pour nous peindre la volupté
On peint une blonde touchante.
On vit les blondes constamment
Soumettre les rois du monde.
Et quand l'Amour se fit amant,
Ce fut en faveur d'une blonde.

Henri IV rimait en souvenir de la comtesse de Moret ce léger madrigal :

Elle est blonde
Sans seconde,
Elle a la taille à la main;
Sa prunelle
Étincelle
Comme l'astre du matin.

Plus tard, un gracieux poète du XVIIe siècle exprimait ainsi sa préférence :

En vain la brune a de l'esprit,
En vain le sel de la saillie
Se mêle à tout ce qu'elle dit,
De ses attraits je me défie.
Qu'elle inspire la volupté
Par une grâce sans seconde,
Je lui dis : Belle en vérité,
Vous méritez bien d'être blonde.

Fontenelle, qui passait pour le plus galant des beaux esprits de son temps, se constitua le chevalier servant des brunes. « La beauté blonde, disait-il, a le charme pénétrant du jour éclatant, mais la beauté des brunes possède le mystère et la volupté d'une nuit pure et sereine. »

Le comte de Viermes avouait ingénument son choix, un peu, personnel, il faut le reconnaître, pour être d'une généralisation facile :

Entre la brune et la blonde
Quand l'Amour était flottant
Vous n'étiez pas de ce monde
Car aujourd'hui certainement
L'incertitude est finie.
Depuis qu'on voit vos attraits
Pour le temps de votre vie,
La brune perd son procès.

Il semble difficile d'expliquer cette préférence qui se manifeste encore parmi les héroïnes des œuvres littéraires et des fictions poétiques.

« Janik » du *Flibustier* possède des boucles dorées « comme du cidre clair. » Cyrano de Bergerac avouant son amour pour Roxane ajoute :

J'aime...
La plus belle tout simplement qui soit au monde,
La plus brillante, la plus fine...
(*Avec accablement*)
... la plus blonde !

Feuilletez les livres des poètes, les sonnets, les rondeaux, partout la blonde triomphe.

Je ne vous connais pas, mais pas le moins du monde,
Je ne sais rien de vous, pas même votre nom,
Pas même la couleur de vos yeux, rien, sinon
Que vous êtes jolie et que vous êtes blonde.

et plus loin :

Car un amour perdu, mais dont je souffre encor
Naguère m'inspira pour un front nimbé d'or;
Ce sont des cheveux blonds qui me firent poète [1].

1. François Coppée. *Poésies.*

Tel rimeur avoue son émoi :

Toute blonde me rend mon ancienne langueur.
Aussi, pour vous, ces vers ont chanté dans ma tête,
Rythmés aux battements plus émus de mon cœur.

Tous chantent la séduction des blondes :

Au premier regard elle plaît
Ma fine blonde au teint de rousse,
Mais seul je sais combien elle est
Silencieuse, tendre et douce [1].

Alfred de Musset, dans ses *Conseils à une Parisienne,* montre cependant une partialité différente :

Je détesterais avant toute chose
Ces teints de rose
Qui font peine à voir
Je rayonnerais sous ma tresse brune
Comme un clair de lune
En capuchon noir.

mais nous soupçonnons fort l'amoureux poète d'avoir glissé, en prose, de semblables compliments sous des boucles blondes.

Les chants populaires nous montrent naïvement l'attrait exercé par ces enchanteresses :

« Je me suis-t'-engagé »
« Pour l'amour d'une blonde »

fredonnaient les gardes françaises, et nous connaissons tous le joli refrain :

Auprès de ma blonde
Qu'il fait bon dormir...

1. Sully-Prudhomme. *Poésies.*

FIG. 102. — Mme DE MONTESPAN.
Cadres de P. Diffloth.

*
* *

C'est une entreprise délicate et périlleuse que de justifier cette préférence. Théoriquement la brune — fortement pigmentée — représente une individualité plus forte que la blonde qui n'est à tout prendre qu'une « brune manquée ». Peut-être cette faiblesse et cette douceur ont-elles exercé sur l'homme généreux un sensible attrait, peut-être la femme blonde, plus loin du type intensif, plus esthétiquement raffinée, séduit-elle précisément par ce caractère de « féminisme exagéré », ou bien par les particularités du caractère moral que la nuance des cheveux paraît révéler.

De tout temps, on a voulu attribuer à la couleur des cheveux une influence décisive sur le caractère. Les blondes — d'après la légende — se distinguent par la douceur, la candeur et la loyauté.

Ordinairement confiantes, elles jugent avec indulgence et pardonnent avec sincérité. Les brunes ont plus d'audace, de duplicité, moins de tendresse. Libres et fières, elles sont moins susceptibles d'attachement durable. Les brunes *séduisent*, les blondes *plaisent*. L'élan qui *attire* vers les premières est spontané, irrésistible; les secondes *retiennent* par un charme plus doux, moins accentué, mais plus pénétrant.

*
* *

Examinons attentivement les héroïnes de l'Histoire ou de la Fable; les brunes apparaissent comme les dispensatrices des suprêmes ivresses, mais aussi des pires souffrances.

Les blondes sont, au contraire, les douces consolatrices, les vigilantes gardiennes qui écartent du seuil le malheur et la tristesse.

Cléopâtre était brune et Thaïs était blonde; Frédégonde était brune; Isabeau de Bavière dissimulait sous les cornes de son hennin les boucles sombres de sa chevelure. Diane de Poitiers, qui sut asservir sous sa domination deux rois, était brune comme la déesse dont elle portait le nom. Agnès Sorel, Gabrielle d'Estrées, Mme de Montespan, étaient blondes. Mlle de Fontanges était brune, la douce Lavallière était blonde, blonde aussi Mme de Sévigné. Marie-Antoinette possédait une teinte de cheveux d'une délicatesse extrême et la Mode fut longtemps à la Cour de s'habiller de « blond » à la nuance des cheveux de la Reine. Charlotte Corday était blond cendré.

Il semble que les destinées tragiques soient réservées aux blondes, les brunes apparaissent souvent sous les traits d'une dominatrice ou d'un mauvais génie.

Les héroïnes des « romans honnêtes » sont toujours blondes.

FIG. 103. — Mme DE SÉVIGNÉ.

*
* *

C'est un fait nettement établi que parmi les nations européennes le type blond disparaît. *La blonde se meurt, la blonde s'en va...*

Même dans les régions les plus septentrionales, l'élément brun est en progression. D'après une statistique récente, il n'y aurait plus que :

16 blonds sur 100 Écossais ;
33 blonds sur 100 Allemands ;
2 blonds sur 100 Italiens.

Les cheveux bruns se rencontrent chez 75 Espagnols sur 100 ; 16 Scandinaves et 39 Français sur 100 individus.

Diverses théories peuvent expliquer cette disparition des blondes. On a d'abord essayé d'assimiler la race à l'individu ; c'est un fait d'observation courante que les cheveux du jeune enfant deviennent avec l'âge de plus en plus foncés, et tendent vers une coloration plus sombre.

D'après Haeckel, le processus serait le même pour les populations et les races blondes, en vieillissant, tendraient vers le brun.

Cette hypothèse n'a pas satisfait complètement certains savants, qui voient dans cette disparition le résultat d'un conflit entre deux races d'aptitudes différentes. Le type blond, d'esprit modéré, conservateur, très attaché au sol, est lentement envahi par le type brun plus hardi, plus combattif, plus aventurier et nomade par tempérament. Dans la lutte de ces deux éléments le type brun, mieux armé, triomphera fatalement.

Le Dr Masson, de Washington, pense que le type blond est d'une moindre vitalité et d'une réceptivité mieux établie vis-à-vis des agents pathogènes ; il semble prouvé enfin que les blondes ont une fécondité plus faible et plus aléatoire que les brunes. Heusinger a établi, en 1828, une loi physiologique qui démontre que « la quantité de pigment est proportionnelle à la fonctionnalité des organes génitaux ». Les blondes peu pigmentées seraient donc, à l'inverse des brunes, peu prolifiques.

Il faut certes regretter l'apparition de ces temps nouveaux; rien ne saura rendre la beauté et l'opulence des blondes chevelures, cette richesse et cette variété de tons, depuis le blond léger des Anglais jusqu'au blond ardent des belles Vénitiennes, en passant par le blond cendré des Russes, le blond « de lin » des Suédois, et surtout ce blond si délicat, si fin, cette nuance rare et précieuse, qui est restée le privilège de notre race française.

IX

De la Coiffure.

La chevelure et ses diverses manifestations de finesse, de souplesse, de coloration sont des caractères esthétiques d'essence naturelle ; la coiffure est évidemment un art factice et artificiel ; cependant l'influence exercée par ces trompeurs attraits sur le caractère même du type autorise à traiter ici les préceptes et les règles de cette science délicate.

L'importance de la coiffure dans l'appréciation de l'esthétique féminine nous est révélée par le conflit qui inquiéta durant plusieurs siècles la corporation des coiffeurs en lutte avec leurs rivales féminines.

*
* *

L'art délicat de tresser les cheveux et de parer le visage de la grâce charmante de boucles à demi dénouées, n'avait été exercé jusqu'au XVIe siècle que par les chambrières. Le concile d'Elvire tenu en 1605, ayant examiné cette grave question, interdit l'usage des coiffeurs pour dames et n'hésita pas à jeter l'anathème sur les élégantes qui contreviendraient à cette règle.

Sous Louis XIII, les coiffeuses seules étaient donc employées et les plus célèbres se nommaient :

La Baransay, la Janeton,
La Poulet et la Bariton.

Or, un homme de génie allait se révéler et créer, dès cette époque, l'art de la coiffure. C'est le célèbre Champagne, dont les auteurs contemporains citent l'adresse et la valeur. Il n'était de grande dame qui consentît à se passer de ses soins, et l'artiste coiffeur en profitait pour faire montre d'une hardiesse et d'une insolence extraordinaires. « Ce faquin, par son adresse à coiffer et à se faire valoir, se faisait rechercher et caresser de toutes les femmes. Leur faiblesse le rendit si insupportable qu'il leur disait tous les jours cent insolences; il en laissait certaines à demi coiffées; à d'autres, après avoir fait un côté, il disait qu'il n'achèverait pas si elles ne le baisaient; quelquefois il s'en allait disant qu'il ne reviendrait pas si on ne faisait retirer un tel qui lui déplaisait et qu'il ne pouvait rien faire devant ce visage-là. Il osa dire à une des dames de la cour : « Vois-tu, de quelque façon que je te coiffe, tu ne seras jamais bien tant que tu auras ce nez-là[1]. »

Ces fantaisies ne faisaient qu'accroître sa fortune : la reine de Pologne Marie de Gonzague l'emmena à Varsovie pour qu'il la coiffât le jour de son sacre, et toute la ville fredonnait cette chanson où le portrait de Champagne était ainsi tracé :

> Déjà dans Paris il exerce
> Son talent, science et commerce.
> Quoiqu'il soit sec, maigre et menu,
> Il est partout le bienvenu,
> Et quantité de belles fées
> En ont déjà été coiffées.

De Pologne, le célèbre coiffeur passe en Suède où il séjourne quelques temps auprès de la reine Christine, avant de revenir en France. Une fin tragique était réservée à ce singulier personnage. Champagne fut assassiné au cours

1. Tallemant de Reaulx. *Mémoires.*

FIG. 104-105. — DE L'INFLUENCE DE LA COIFFURE SUR L'ESTHÉTIQUE DU VISAGE.
Adaptations de P. Diffloth.

d'un voyage dans le Midi et Loret raconte cet événement tout au long de sa gazette rimée :

Un bruit venant de la campagne,
Nous apprend que le sieur Champagne,
Que deux ou trois reines du Nord
Estimaient et chérissaient fort,
Et qui d'être de lui coiffées,
Faisaient autrefois des trophées,
Dans une rencontre inopinée,
Fut l'autre jour assassiné.

Néanmoins, le célèbre artiste avait fait école et, depuis lors, les femmes continuèrent à se servir de coiffeurs. Une réaction se produit cependant à la fin du règne de Louis XIV et « le Livre commode de 1692 » recommande aux élégantes de recourir aux soins des coiffeuses célèbres de l'époque : « Mlles Caniliat, place du Palais-Royal ; Poitier, près les Quinze-Vingts ; de Gomberville, rue des Bons-Enfants ».

FIG. 106-107. — DE L'INFLUENCE DE LA COIFFURE SUR L'ESTHÉTIQUE DU VISAGE.

L'avènement de Louis XV allait amener le triomphe définitif des coiffeurs.

Dagé, le coiffeur de Mme de Pompadour, fut pendant un certain temps le héros de la mode. A la mort de la favorite, il se retira dans son domaine de Vélizy. La succession de Dagé échut à Lameth, le coiffeur de la Guimard, la célèbre danseuse.

Un coiffeur de Versailles, nommé Larseneur, ayant placé à sa devanture des poupées à coiffure basse qui plurent à Mesdames, filles de Louis XV, acquit de ce fait une réputation incontestable. Bligny, le coiffeur de la marquise de Prie, avait équipage et possédait terres et biens. Il eut pour successeur un de ses élèves, Frison, homme de belle humeur et d'esprit, qui fut mis en vogue par Mme de Cursay, une des élégantes de cette époque fastueuse.

Le génie de ces artistes avait libre jeu pour exercer sa fantaisie; c'est alors que l'on vit les coiffures devenir de

FIG. 108-109. — DE L'INFLUENCE DE LA COIFFURE SUR L'ESTHÉTIQUE DU VISAGE.

véritables chefs-d'œuvre d'architecture savante et compliquée.

On façonnait la tête des élégantes, *à l'aventure, au petit-maître, à l'abbé Poupin bien cardé, aux délices de l'anglomane, en jardin anglais.* Ces transformations étaient dues à l'art du grand Léonard qui s'intitulait *Académicien de coiffures et de modes.* A la cour, on le surnommait le marquis Léonard, pour le distinguer de son frère le chevalier, qui se bornait modestement à la coupe des cheveux. Ses clientes les plus réputées étaient Sophie Arnould, la Duthé, Adeline, la Clairon.

Le succès de Léonard n'empêchait pas complètement le triomphe de ses rivaux : Martinet, Dupuis, Pascal, Dupain et Legros.

Le coiffeur Legros publia en 1762 un curieux manuel sur l'*Art de la coiffure des Dames françaises.* Dans une

FIG. 110-111. — CES 8 PHOTOGRAPHIES REPRÉSENTENT LE MÊME VISAGE, *Mlle de Penthièvre (n° 4) coiffée de diverses manières.*

préface originale, il explique ainsi la naissance de sa vocation :

« J'avais autrefois pour passion la pêche, la chasse, la cuisine et la guerre. Changeant souvent d'état, je faisais la cour aux vieillards de tout état afin qu'ils me racontassent ce qu'ils savaient de leurs anciens temps. Voilà la seule étude que j'ai faite pour acquérir de l'expérience et connaître à peu près l'esprit et le caractère des hommes. Il s'agissait donc de connaître un peu celui des dames, chose difficile qui m'a causé bien de l'embarras, ne sachant comment m'y prendre. Enfin le moyen le plus juste, selon moi, était de me mettre coiffeur; talent où il faut savoir se taire et parler, être sage et honnête, tout voir et ne rien dire. »

Legros avait été cuisinier chez le marquis de Bellamare, puis sentant une vocation irrésistible, il avait dirigé son esprit ingénieux vers « l'art noble du coiffeur ». Arrivé à l'apogée de sa fortune, il eut l'honneur de coiffer le lieutenant de police, M. de Sartine, l'homme le plus coquet de son temps. Cet aimable marquis possédait une collection remarquable de perruques ; il y avait la perruque du matin, la perruque du conseil, la perruque du soir, la perruque à bonnes fortunes ornée de cinq boucles flottantes.

Trois valets de chambre avaient pour occupation le soin de ces perruques, mais Legros seul avait l'honneur de coiffer M. de Sartine.

Lorsqu'un criminel était mis en jugement, le lieutenant de police revêtait une perruque terrible à cinq serpenteaux qu'on nommait la Sartine ou l' « inexorable ».

Plus tard, l'ingénieux coiffeur créa une *Académie de coiffure* qui portait au fronton ces vers adressés au Créateur :

Par toi le mol zéphyr aux ailes diaprées,
Refrise, d'un air doux, la perruque des prés.
Par toi le doux soleil, à la terre sa femme,
D'un œil tout plein d'amour, communique sa flamme
Et tout à l'environ
Lui poudre les cheveux, ses vêtements embaume,
Et de fruits et de grains, lui jonche le giron.

Legros eut ensuite l'idée d'organiser des « prêteuses de têtes » qui répandaient par la ville ses nouvelles créations.

Les succès remportés par les coiffeurs suscitèrent de vives jalousies, et en 1769 la corporation des barbiers-perruquiers leur intenta un procès. L'avocat des coiffeurs, M. Bigot de la Boissière, composa un factum demeuré célèbre où il établit plaisamment l'importance du rôle de ces artistes. « Par les talents qui nous sont propres, disait-il, nous donnons des grâces nouvelles à la beauté que chante le poète. C'est souvent d'après nous que le peintre et le statuaire la représentent, et si la chevelure de Bérénice a été mise au rang des astres, qui nous dira que, pour parvenir à ce haut degré de gloire, elle n'a pas eu besoin de notre secours? »

FIG. 112. — BRACHYCÉPHALE AVEC COIFFURE HAUTE.
Disposition anharmonique.

Malgré l'éloquence persuasive de ce plaidoyer, les coiffeurs furent condamnés à se faire inscrire dans la corporation des barbiers; ils refusèrent, et de cette opposition naquit un conflit qui dura dix années.

En 1777, Louis XVI créa six cents coiffeurs de femmes qui payèrent leur privilège 600 livres. Les plus renommés étaient alors : la veuve Legros; Frédérik, « qui tenait école de coiffure, plaçait des femmes et valets de chambre coiffeurs, et fournissait un rouge de Portugal accrédité par la finesse et la douceur de ses nuances », Audis, quai de l'École; Mme Desmares, Durand.

La Révolution allait porter un coup sensible à la fortune des coiffeurs pour dames. Marie-Antoinette préparant sa fuite, n'avait pu consentir à se priver des services de Léonard; quelques heures avant son départ, Léonard gagnait l'étranger sous la protection de M. de Choiseul. On sait quel rôle joua cet incorrigible brouillon dans l'arrestation du roi à Varennes.

FIG. 113. — BRACHYCÉPHALE AVEC COIFFURE BASSE.
Disposition harmonique.

Le célèbre artiste ne revint pas à Paris avec sa souveraine; il émigra et alla porter le secours de son génie aux grandes dames russes.

Les coiffeurs ne retrouvèrent leur vogue en France qu'après le 9 thermidor, et l'époque du Directoire mit à la mode les noms de Rey, Duplan, Tellier.

Michalon vint ensuite et le premier créa ces superbes devantures où des figures de cire présentent aux passants les charmes divers des coiffures. Mme Récamier confiait les soins de sa beauté au coiffeur Richon, et la gloire de Napoléon Ier rayonnait sur Constant qui, pendant l'Empire, coiffa « les cheveux plats du Corse ».

Plaisir brilla sous la Restauration, puis ce furent Croizat, « le Napoléon de la coiffure » ; Théodore, auteur des fameuses coiffures à la girafe. Ce dernier, dans un ouvrage peu répandu, célébrait ainsi les rites de son art :

« Échappé à la monotone et désolante routine où le mauvais goût l'avait entraîné, le coiffeur n'a plus qu'à réveiller sa verve assoupie, à s'ingénier, à surmonter les difficultés qu'il rencontre chaque jour dans l'exécution d'œuvres qui doivent être aussi variées, aussi délicates, aussi élégantes qu'elles sont fragiles, éphémères et fugitives. »

Duchesne, Mariton et Hamelin précèdent Majesté qui fut le coiffeur attitré de la cour de Louis-Philippe. Le premier Empire vit le succès de Jasmin, le coiffeur poète ; Caumont, Escalier, créateur de la coiffure dite à l'impératrice, Balade, Randon, Syret, Petit, etc.

Depuis lors, le succès des coiffeurs ne fit que s'affirmer, et Paris possède actuellement environ deux mille artistes qui consacrent leurs soins et leurs efforts au triomphe de la beauté féminine.

* * *

La coiffure est le véritable cadre du visage. Son but et son utilité sont d'en faire valoir les beautés et d'en amoindrir les défauts. D'abord ornement naturel, susceptible de dispositions variées, interprétatives de la figure, la chevelure sert à voiler, sinon à masquer l'irrégularité de certains traits, à établir entre eux le suffisant degré d'harmonie d'où résultent une beauté de convention, un agrément relatifs de l'ensemble. « C'est pourquoi ne doit-on s'estimer complètement édifié sur la beauté d'une tête de femme que lorsqu'on a pu la voir dépourvue de toute coiffure artistique et simplement encadrée du déploiement sur la nuque et sur les épaules des cheveux sans peignes, tout au plus divisés par une raie médiane. » (M. Barrière.)

L'art véritable de la coiffure consiste donc à approprier le cadre à l'expression du visage, et cette recherche demande un goût et une adresse bien déterminés. Ainsi que le déclarait Bigot de la Boissière dans son célèbre plaidoyer « si la profession de perruquier appartient aux *arts mécaniques*, celle de coiffeur de dames tient aux *arts libéraux* ».

« L'art de coiffer la prude et de laisser percer les prétentions sans les annoncer, celui d'afficher la coquette, et de faire de la mère la sœur aînée de la fille, d'assortir le genre aux affections de l'âme, qu'il faut quelquefois deviner au désir de plaire qui se manifeste, à la langueur du maintien qui ne veut qu'intéresser, à la vivacité qui ne veut pas qu'on lui résiste, d'établir des nouveautés, de seconder le caprice, tout cela demande une intelligence et un tact pour lesquels il faut être né. L'art des coiffeurs des dames est un art qui tient au génie. »

*
* *

De même que l'artiste choisit le cadre correspondant au tableau, s'efforçant d'adoucir la patine des ors pour harmoniser l'ensemble, de même l'art du coiffeur s'inspirera de l'esprit et de l'expression du visage pour déterminer la plus heureuse disposition de la chevelure.

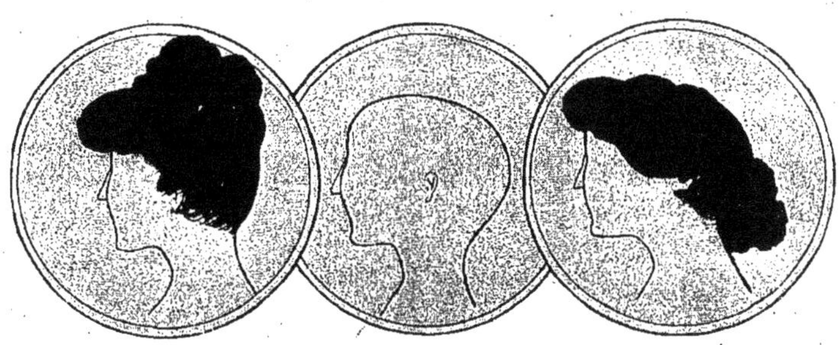

FIG. 114. — DOLICHOCÉPHALE (crâne long).

avec coiffure haute, Disposition harmonique. *avec coiffure basse. Disposition anharmonique.*

Ces principes étaient parfaitement appliqués au XVIIIe siècle, époque charmante et fastueuse, où le culte de la noble beauté féminine était le souci général.

Chaque coiffeur s'appliquait à définir au préalable le caractère d'un visage, et parfois cette recherche de l'expression était le privilège exclusif d'un des opérateurs.

Le Prince de Lanti, de passage à Paris, demande, certain jour, un coiffeur. On introduit dans sa chambre un personnage bien mis et l'épée au côté. Le prince s'assit en lui recommandant de se dépêcher. Monseigneur, lui dit cet homme, je suis le « *physionomiste* », permettez que je fasse entrer mon second. Et il fait entrer un garçon perruquier avec tout son appareil. Faisant placer le prince à sa fantaisie, il l'examine, le prend par le menton, le tourne, le retourne et finalement s'écrie : « Visage à marrons, marronnez, Monsieur », puis se retire avec une grande révérence.

*
* *

Le premier soin de l'artiste cherchant à composer le cadre

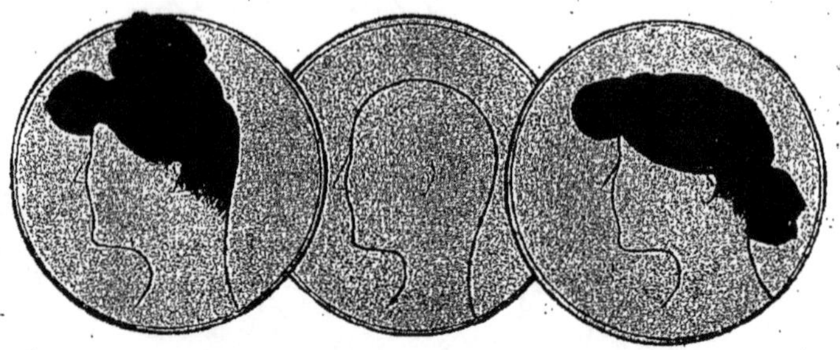

FIG. 115. — BRACHYCÉPHALE (crâne court).

avec coiffure haute. *Disposition anharmonique.*

avec coiffure basse. *Disposition harmonique.*

d'un tableau est d'harmoniser la patine des ors avec la valeur chromatique de l'œuvre et de rechercher ensuite le format, la moulure susceptible de mettre en relief le sujet représenté. Dans le cas de la chevelure féminine, cette adaptation des nuances est résolue à priori, l'art des teintures et des fards y porte seul une empreinte sacrilège, mais la disposition de l'architecture du cadre est tout entière à déterminer.

*
* *

Par suite de la définition même de la coiffure féminine, l'arrangement des cheveux doit revêtir un caractère de fixité qui en fait un des attributs constants du charme du visage.

De même qu'un tableau par son coloris particulier, sa facture personnelle, demande un cadre parfaitement défini, *il existe pour tout visage une coiffure et une seule* capable d'en révéler tout l'attrait.

Les variations, les caprices inspirés par la mode sont donc de véritables « fautes de goût » et la sagesse même conseille de choisir judicieusement le dispositif le plus seyant et de n'apporter que de légères modifications à cette harmonieuse ordonnance.

Nous tenterons d'énumérer clairement les quelques lois mathématiques qui peuvent aider dans cette recherche de la *coiffure-type* correspondant à tout visage.

*
* *

Dans ses grandes lignes le problème consiste à déterminer l'arrangement le plus parfait de la masse des cheveux qui auréolent la tête féminine, mais tandis que l'art de la peinture n'intéresse que le plan, l'art de la coiffure s'applique au volume ; il importe donc de déterminer les dispositions les plus favorables suivant les trois caractéristiques du visage féminin, c'est-à-dire de profil, de face et d'après la conformation cranienne. Ces divers agencements que l'on définit suffisamment par les noms de cadre postérieur (conformation cranienne), cadre antérieur (profil), cadre latéral (face ou ovale), seront successivement examinés.

§ 1. — *Cadre postérieur.*

Le principe primordial de l'art de la coiffure consiste à diviser la chevelure en deux masses inégales : l'une, rassemblée au-dessus du front, épand sur le visage son ombre délicate (cadre antérieur) ; l'autre, placée sur le sommet de la tête ou à l'arrière du crâne, complète et caractérise l'ensemble (cadre postérieur).

La manière dont les cheveux implantés sur les tempes et autour de l'oreille se joignent à la masse supérieure définit le cadre latéral.

La détermination du cadre postérieur joue un rôle considérable dans l'orientation du type féminin et l'examen critique de son agencement remet en lumière le grave débat des coiffures hautes et des coiffures basses.

Pour prendre position dans cette polémique, nous appliquerons strictement les règles précises de l'harmonie esthétique.

Nous savons que les visages féminins se classent, d'après les proportions du crâne, en dolichocéphale (à crâne long) et en brachycéphale (à crâne court). Or, cette délimitation nous permet de formuler la règle suivante :

« *Les dolichocéphales doivent adopter la coiffure haute, les brachycéphales choisiront la coiffure basse.* »

La beauté, en effet, n'est qu'ordre, harmonie, symétrie; la dolichocéphalie détermine la projection en arrière de la masse architecturale du visage et l'équilibre est ainsi rompu au désavantage de la partie faciale. Adopter la coiffure basse consisterait à exagérer encore ce défaut de symétrie en donnant encore plus d'importance au volume de la région cranienne; l'œil, attiré par la masse des cheveux, ne saurait juger avec l'attention qui convient, la délicatesse des traits (fig. 112 à 115).

Ainsi que le montrent clairement les figures schématiques ci-jointes, les crânes dolichocéphales devront adopter la coiffure haute.

Un raisonnement d'ordre inverse montrerait que, pour rétablir l'harmonieux équilibre rompu chez les brachycéphales par le développement des parties faciales, il importe, chez ces types ethniques, de grouper les cheveux en coiffure base.

§ 2. — *Cadre antérieur.*

Le cadre antérieur comprend la masse des cheveux dis-

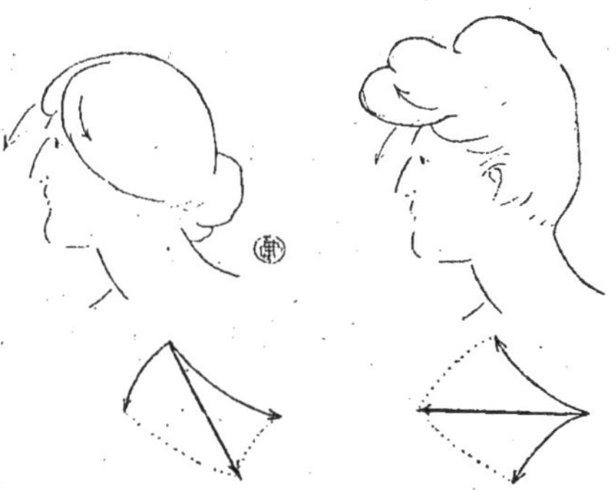

FIG. 116. — TYPE CONVEXILIGNE
avec coiffure descendante. avec coiffure ascendante.
Résultante oblique. Résultante horizontale.
Disposition défectueuse. Disposition harmonique.

posés autour du front. Les modèles si divers de coiffures féminines peuvent cependant se classer méthodiquement en deux groupes distincts.

La première catégorie comprend tous les dispositifs où les cheveux sont relevés au-dessus du front, dégageant complètement le haut du visage ; ce sont les coiffures antérieures *à direction ascendante.*

Dans la seconde catégorie, les cheveux voilent plus ou moins complètement le front, se dirigeant vers les tempes ; ce sont les coiffures *à direction descendante :* bandeaux à la vierge, coiffure à la jolie femme, etc...

Le choix du dispositif le plus seyant nous sera indiqué par l'examen de la ligne du profil et la règle suivante pourra être judicieusement établie :

« *Les profils concavilignes exigent la coiffure à direction descendante; les profils convexilignes demandent la coiffure à direction ascendante.* » Les profils rectilignes possèdent l'heureux privilège de pouvoir choisir dans ces deux dispositifs le caractère le mieux approprié aux autres particularités du visage.

Les profils concavilignes présentent une direction générale des traits « fuyant antérieurement » ; l'œil de l'observateur, suivant les contours du front, du nez, du menton, est irrésistiblement porté en avant et perd ainsi la notion de symétrie inséparable de toute beauté, la courbe descen-

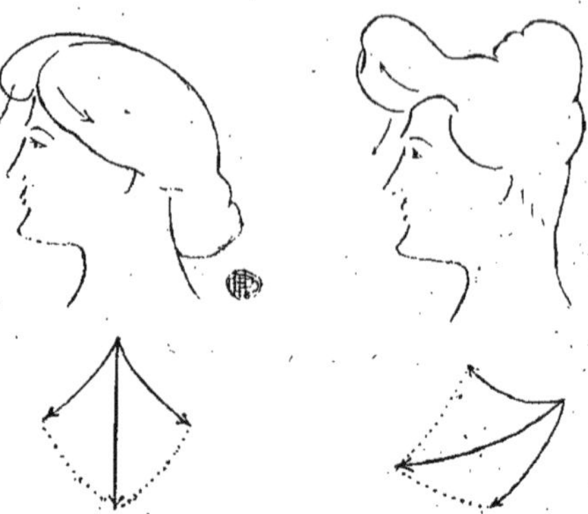

FIG. 117. — TYPE CONCAVILIGNE

avec coiffure descendante. Résultante verticale. Disposition harmonique. — *avec coiffure ascendante. Résultante oblique. Disposition défectueuse.*

dante des bandeaux s'incurvant vers l'arrière, rappelle le regard vers l'axe du facies et rétablit ainsi la symétrie. La résultante de ces deux directions reproduit la verticalité (fig. 116 et 117). La masse des cheveux rassemblés au-dessus d'un front fuyant écrase d'ailleurs le visage et noie dans son ombre maint détail charmant.

*
* *

Les profils convexilignes offrent des lignes « fuyant inférieurement » ; les courbures du front, du nez, du menton sont éminemment descendantes ; une coiffure à bandeaux exagérerait cette orientation et détruirait l'équilibre du visage au bénéfice des parties inférieures.

La masse des cheveux rassemblés et bouffants sur le front corrige ce caractère descendant des traits et attire le regard du critique vers les régions supérieures en rétablissant l'ordre, la symétrie générale. De plus, un front bombé, un nez à courbure accentuée gagnent à être couronnés d'une auréole de cheveux, qui atténuent ce que ces courbes peuvent avoir d'excessif (fig. 116).

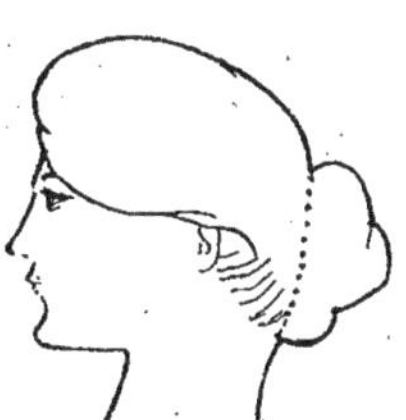

FIG. 118, 119. — DISPOSITIONS HARMONIQUES.

Brachycéphale-concaviligne avec coiffure basse à direction descendante.

Brachycéphale-convexiligne avec coiffure basse à direction ascendante.

*
* *

Les deux principes mathématiques établis permettent de résoudre tous les problèmes d'esthétique relatifs à la chevelure et de trouver ainsi le cadre véritablement adéquat à tel type de beauté.

Il suffit en effet d'établir toutes les combinaisons possibles entre les caractères du crâne et du profil, crânes brachycéphales, doliphocéphales, profils concavilignes, rectilignes, convexilignes, en laissant de côté le cas moyen de mésaticéphale, qui exceptionnellement peuvent figurer dans l'un ou l'autre groupement.

On obtient les types suivants :

Brachycéphale-concaviligne,
Brachycéphale-rectiligne,
Brachycéphale-convexiligne,
Dolichocéphale-concaviligne,
Dolichocéphale-rectiligne,
Dolichocéphale-convexiligne.

La première dénomination du mot composé suffit à déterminer l'orientation du cadre postérieur; la seconde partie règle le cadre antérieur. Ainsi se trouve déterminée et

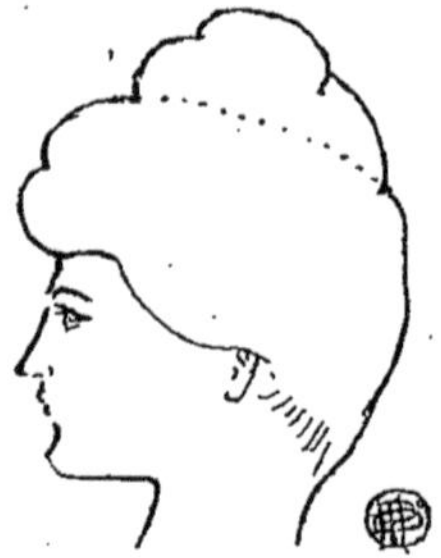

FIG. 120-121. — DISPOSITIONS HARMONIQUES.

Dolichocéphale-concaviligne avec coiffure haute à direction descendante.

Dolichocéphale-convexiligne avec coiffure haute à direction ascendante.

fixée dans son esprit la coiffure-type correspondant à chaque facies (fig. **118** à **121**).

§ 3. — *Cadre latéral.*

Le cadre latéral, formé par la masse des cheveux placés sur les côtés de la tête, ne revêt que deux formes particulières : les cheveux sont laissés lâches formant autour du visage une auréole vaporeuse, ou bien, tirés vers le sommet de la tête, ils n'offrent qu'une paroi lisse très voisine des contours du crâne.

On conçoit aisément dans quel sens s'exercera le choix du cadre latéral.

« *Les ovales minces, allongés, corrigeront leur exiguïté par la libre disposition de cheveux bouffant latéralement; les facies arrondis, larges, devront au contraire lisser leurs cheveux sur les côtés de la tête.* »

Il ne reste plus à parler que des dispositifs spéciaux réalisant avec le cadre latéral des « figures particulières ». En réalité, les seules variantes constituées sont obtenues

FIG. 122. — MARION DE LORME.
Musée de Versailles.

en formant à l'aide des boucles des rouleaux parallèles. Ces rouleaux placés horizontalement caractérisent la coiffure « marquise », « XVIIIe siècle », que quelques élégantes ont tenté de faire revivre; disposés verticalement, ils réalisent la coiffure originale dite « 1830 ».

Telles sont les lois précises qui permettent d'adapter parfaitement la coiffure aux divers types de la beauté féminine.

X

Le Cou.

Le cou sert de liaison harmonieuse entre la tête et le corps; par sa flexibilité, sa grâce particulière, il communique au corps féminin tout entier son caractère, son expression.

Terme de passage entre la tête, masse cérébrale, et le corps, siège des basses fonctions organiques, il semble indiquer et préciser le rapport exact qui existe entre les pensées supérieures de l'âme et les matériels instincts du corps (fig. 123).

FIG. 123. — MODÈLE DE COU FIN ET DÉLICAT.
Duchesse de Châteauroux.

L'examen du cou donne une idée exacte du « spiritualisme » d'une femme.

Il est des cous souples et graciles, cous de pur sang, de bête de race, sensible à la bouche, capricieuse et rebelle; il est des cous épais, des cous de taureaux trapus et volontaires; d'autres cous s'inclinent en une attitude lasse comme sous le poids des soucis; d'autres se dressent fiers et altiers, prêts à la lutte.

*
* *

Avec la démarche qui est toute une révélation, le cou donne, à découvert, l'indice d'un corps impeccable.

La beauté du cou réside dans sa finesse, la régularité de son diamètre, la délicatesse de ses attaches inférieures et supérieures; il participe de la grâce, effacée de la nuque, où sous l'ombre des cheveux follets, la peau étend ses tissus délicatement nuancés.

Sa liaison avec les épaules se réalise en une courbe harmonieuse; le plan arrière doit rester vertical et dessiner avec la naissance de la nuque et la ligne du dos un profil rigoureusement vertical; ce caractère est d'une beauté esthétique que nul attrait différent ne saurait remplacer.

*
* *

L'angle de la mâchoire doit être effacé; les joues s'unissent délicatement avec la surface antérieure du cou; le profil suivra, du menton au cou, une ligne molle formant un angle extrêmement ouvert. Ces conditions réalisent, à partir des joues, une surface régulièrement arrondie qui s'élargit progressivement en allant vers le bas, franchit les clavicules et se continue sans interruption par la surface bombée de la poitrine.

Sur le larynx s'étendent parfois des sillons horizontaux nommés colliers de Vénus attestant ainsi l'élasticité de la peau et la présence de légères couches de tissu adipeux.

On a longtemps prétendu que le diamètre du cou devait être égal à celui du mollet. Brücke a prouvé, au contraire, que, dans le cas d'un développement normal, le mollet est toujours plus gros que le cou.

*
* *

La finesse du cou indique en général le degré de « race » (fig. 123). Il est aisé d'expliquer cette relation en songeant que le cou joue un certain rôle dans la répartition de l'équilibre des forces musculaires, et dans la violence de l'effort. Les classes aisées ont été peu à peu délivrées du lourd labeur corporel, et, par suite de la régression de la force physique, l'organe a perdu de son ampleur et de sa force.

La théorie affirmant que la minceur du cou était le privilège de la virginité semble des moins justifiées et jamais on n'a pu constater nettement que le cou s'épaississait après la première expérience du plaisir sexuel.

LE CORPS

I

Les Épaules. — La Gorge. — Le Dos.

Doucement tombantes les épaules conduisent le regard de la nuque fine à la naissance du bras, leur surface polie et satinée s'ombre délicatement entre les omoplates où s'incurve la ligne onduleuse du dos.

Sous le sillon des clavicules droites, allongées, à peine perceptible, la poitrine étend son gracieux contour jusqu'à la naissance de la gorge qui modèle la perfection des seins.

*
* *

Le dieu Amour était encore très jeune lorsqu'il fit, avec Hébé, sa compagne, le voyage de Paphos où Venus avait un temple célèbre. Là, après avoir étudié les arts et les sciences...

Ce dieu malin qui sans cesse varie
Ses goûts légers, ses plaisirs, ses travaux,
Conçut un jour la docte fantaisie
De professer au milieu de Paphos
Les éléments de la géographie.

Dans ce dessein lui-même il façonna
D'un marbre blanc la surface arrondie,
Et d'un bleu tendre avec art dessina
Sur ses contours la Grèce, l'Italie,
Londres, Paris, Cythère et cætera.

La jeune Hébé, qui toujours le seconde,
Dans ses projets grandement l'assista,
En se chargeant de la machine ronde :
Aux écoliers que l'Amour enseignait,
En tous les sens Hébé la retournait
Pour leur montrer les quatre coins du monde.

Mais la déesse à la fin se lassant
De ce travail, Cupidon, pour bien faire
Avec adresse ayant coupé sa sphère
Par l'équateur la fendit justement
En deux moitiés, par quoi les Antipodes,
Mis de niveau, furent moins incommodes
A transporter; l'Amour de çà, de là
Contre le sein d'Hébé les accoupla.

Or, de l'Amour la gentille écolière,
Flore, un beau jour ayant touché, dit-on,
Du bout du doigt les pôles de la terre,
Chaque toucher fit éclore un bouton,
Bouton naissant de rose printanière
Ne brille pas d'un plus beau coloris
Que ce bouton éclos du sein des lis [1].

Telle est la jolie légende où l'antiquité païenne puisait a naissance des seins féminins.

Au point de vue physiologique, les seins proviennent du développement de la glande mammaire située entre la peau et le muscle pectoral, de la troisième à la sixième côte.

A mesure que les glandes grossissent, elles tendent la

1. Demoustier. *Lettre sur la Mythologie.*

peau, particulièrement mince et délicate dans cette région. L'épiderme devient plus épais à mesure qu'on se rapproche du sternum où il adhère intimement suivant l'axe médian du corps. C'est donc la peau plus lâche de la région de l'aisselle qui cède à cet effort, tandis que se dessine entre les seins un délicat sillon.

Le tissu adipeux se forme ensuite autour de la glande, lui donne sa forme harmonieuse, définitive et réalise sa souple liaison avec les parties adjacentes. De l'importance relative du tissu glandulaire et du tissu adipeux dépend la beauté du sein.

Si la glande mammaire est bien développée, peu infiltrée de graisse, le sein est ferme, élastique et bien érigé; si la couche adipeuse est considérable, le sein est gros, peu consistant et s'infléchit en dessinant un sillon à sa face inférieure.

Or, la facilité de formation du tissu adipeux nous est révélée par la contexture du tissu conjonctif sous-cutané; plus ce tissu est serré, moins la graisse s'infiltrera ; l'élasticité de la peau de la femme indiquant un tissu conjonctif sous-cutané abondant et à mailles étroites est donc le plus sûr garant de la beauté du sein.

Le sein, pour prendre son parfait développement, doit pouvoir s'appuyer sur la base solide du pectoral; on examinera donc attentivement le relief de ce muscle à la partie antérieure du creux de l'aisselle. Lorsque ce voile musculaire est ferme, doux, élastique, le sein de la femme sera, après son parfait développement, d'une beauté impeccable (fig. 124). Pour évaluer la perfection des seins d'une femme il suffit donc de lui faire lever un des bras; en avant de l'aisselle se dessine la lame musculaire du pectoral; si ce voile est dense, ferme et musclé, le sein sera d'une forme irréprochable.

La gorge est sans contredit le charme le plus attirant du corps féminin.

« O sein féminin, ta ligne pure ferme notre horizon; par un miracle charmant, l'homme à cette place redevient un enfant, il en retrouve l'âme sensible et vide de souci, la pensée incertaine et rêveuse, le besoin de se blottir, de se rapetisser pour être étreint dans une seule caresse [1]. »

FIG. 124. — JEUNE FILLE DE MÉGARE (BARRIAS).
Musée du Luxembourg.
L'épaisseur et l'élasticité du voile musculaire, formant la paroi antérieure du creux de l'aisselle, fait présager de la parfaite constitution des seins.

Apelle et ses élèves allaient rendre visite à Laïs pour admirer la beauté de ses seins, et cette recherche de la perfection de la gorge chez la femme est visible à travers les civilisations successives.

On sait le mot de Louis XV sur ce délicat sujet. Demandant au marquis de la Fare, envoyé au-devant de la future dauphine, la princesse de Saxe, si sa belle-fille était agréable. Le roi reçut du courtisan la réponse suivante :

1. M. Corday. *Mon petit Mari, ma petite Femme.*

FIG. 125.
SEINS ATTACHÉS HAUT.
Mlle de Lavalette.
Musée de Versailles.

« J'ai trouvé Son Altesse fort bien ; elle a de grandes manières, un air fort distingué, de très belles mains, des... — Ta ta ta, interrompt le Roi, a-t-elle de la gorge? — Ah! Sire, reprit la Fare, je n'aurais jamais osé porter mes regards jusque-là. — Eh bien, monsieur le Marquis, vous êtes un nigaud; la gorge est la première chose qu'il faut regarder chez une femme. »

*
* *

On a beaucoup épilogué, trop plaisamment même, sur les beautés diverses des seins et le vocabulaire de l'arboriculture fruitière a été largement mis à contribution. En principe il est de jolies gorges de tout profil, l'important est que les seins soient fermes, érigés, d'un contour régulier et symétrique : la manière dont le sein se détache des régions adjacentes, sans ressaut brusque, ni sans pli, est un caractère de beauté indéniable.

L'espacement des seins est une particularité de race et d'individualité, mais la distance des mamelons ne doit jamais être inférieure à 20 centimètres.

*
* *

Les beaux seins susceptibles de garder longtemps leur supériorité sont toujours de volume moyen. Martial prétendait qu'un sein parfait devait « *tenir dans la main d'un honnête homme* ».

La mamelle sera dure, d'une forme variant entre le disque et la demi-sphère; l'adhérence aux parties sous-jacentes doit être parfaitement établie, afin que le poids du sein ne détermine un affaissement marqué par la forme concave de la partie supérieure et visible à la présence d'un pli à la région inférieure.

On distingue en général des seins placés haut ou attachés bas; une gorge attachée bas éveille l'idée de seins pendants; les seins hauts sont d'une esthétique supérieure, ils assurent d'ailleurs une convexité régulière du thorax (fig. 125 et 126).

La hauteur normale du sein est comprise entre la troisième et la sixième côte, le mamelon ne doit pas tomber plus bas que la quatrième côte.

*
* *

La beauté de la gorge est un caractère individuel qui disparaît avec les ans.

Selon le mot un peu cruel de Voltaire, « petits coquins deviennent vite grands pendarts »,

> Jouets légers de l'Amour et du Temps
> Que la Sagesse abandonne aux enfants.

Les seins qui restent beaux le plus longtemps sont les seins petits, hauts et plats, alliés à un thorax nettement convexe et à une musculature développée.

FIG. 126. — SEINS ATTACHÉS BAS.
Mlle de la Sablière.
Musée de Versailles.

*
* *

Le costume vient parfois modifier la pureté du modèle de la gorge et le corset trompe souvent les véritables connaisseurs.

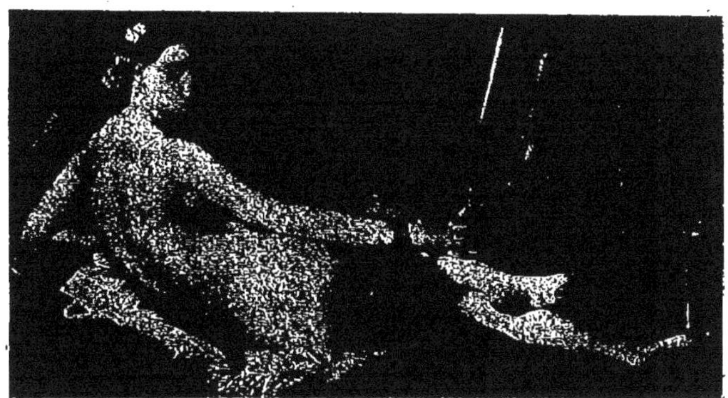

FIG. 127. — GOUTTIÈRE DORSALE BIEN DESSINÉE.
Odalisque (Ingres).

« Cette pièce damnable du vêtement féminin sert davantage à corriger les imperfections du sein qu'à en faire valoir la beauté. Si une femme élégante a soin de mettre le plus possible ses formes en évidence, il n'en est pas de même de la femme chaste : la religieuse, par exemple, pour déformer extérieurement ce qu'elle a de bien, prend autant de peine qu'un couturier met d'art à réussir l'exacte application de l'étoffe au relief du corps

« Acquérir la certitude qu'une gorge est d'un beau contour quand elle a pour prison le monstrueux rectangle de baleines dont s'affublent les nonnes, voilà le propre de l'habileté professionnelle du séducteur. » (M. Barrière.)

Le corset n'est pas seulement antihygiénique; il peut exercer un rôle néfaste dans le maintien de la beauté corporelle si la compression est excessive.

Le corps féminin normalement constitué [1] doit pré-

1. Les mensurations moyennes en largeur du corps féminin sont les suivantes (Dr Stratz) :

Largeur des épaules....	35-40	centimètres.
Largeur de la taille....	19-24	—
Largeur des hanches....	31-36	—
Hauteur du corps.......	155-170	—

senter aux hanches 4 centimètres et à la taille 16 centimètres de moins qu'aux épaules; combien de beautés réputées impeccables s'éloignent actuellement de ces sages prescriptions?

*
* *

Un auteur subtil professe que les dos ont leur caractère et leur physionomie particulières. Certains sont timides, courbés, d'autres hostiles, renfrognés sous leurs omoplates; il est des dos fiers, altiers, d'autres hésitants et dissymétriques.

FIG. 128. — MODELÉ DU DOS.
Lilia (Carolus Durán).
Musée du Luxembourg.

Ces considérations donnent une valeur particulière à la beauté de cette région du corps chez la femme. En réalité, rien n'est plus beau qu'un dos de femme large et bien développé avec des épaules légèrement tombantes; la taille emprunte à ce caractère un dessin des plus harmonieux.

La colonne vertébrale, base

réelle de l'architecture du dos, doit être rigoureusement verticale vue par sa face postérieure ; de profil, le dos présente la région légèrement convexe des épaules et légèrement concave des reins.

Les épaules trop arrondies constituent le dos rond, les reins creusés réalisent le dos ensellé. Le dos rond entraîne l'aplatissement de la poitrine et la projection des épaules en avant; cette conformation défectueuse est héréditaire chez certaines races.

Entre les masses musculaires se dessine une gouttière médiane d'autant plus profonde que les épaules sont rejetées en arrière. Ce sillon s'aplanit aux reins, la peau adhérant intimement à la charpente osseuse (fig. 127).

Le modelé du dos est des plus délicats par suite de l'entre-croisement des muscles se coupant sous un angle aigu; les omoplates doivent dessiner légèrement leurs contours sans qu'une saillie disgracieuse nuise au modelé général (fig. 128).

De la Taille.

La partie médiane du corps de la femme comprenant les régions inférieures de la gorge, les côtes, le dos, le sein définit ce que l'on dénomme la « taille ».

La beauté naturelle de cette partie du corps est totalement masquée par la déformation du corset et l'œil cherche en vain sous cette rigide armature les délicats contours du buste.

*
* *

La mode s'est ingéniée à modifier et à défigurer l'heureuse disposition des lignes de la taille féminine et sous son empire despotique le corps féminin a revêtu les apparences les plus diverses et les plus opposées; la synthèse de la taille féminine permet de dresser des profils curieux où la même architecture subit les déformations les plus étranges; on a peine à comprendre comment le corps féminin a pu se modeler sur des moules aussi divers (fig. 129 et 130).

Les recherches effectuées sur les modes aux diverses époques montrent des fluctuations sans cesse renaissantes; il est incontestable que les modes féminines actuelles surtout avec le « costume tailleur », pratique, élé-

FIG. 129. — ASPECT DES TAILLES FÉMININES AUX DIVERSES ÉPOQUES.

gant et hygiénique tendent à se rapprocher de la vérité. Depuis quelques années les femmes s'habillent bien et la mode s'efforce de devenir ce qu'elle doit être uniquement : un aimable compromis entre la beauté, l'hygiène et la pudeur.

*
* *

L'observation de la taille n'est pas sans donner des indications précieuses sur la structure particulière du buste féminin.

En règle générale on distingue les tailles *hautes* et les tailles *basses*. Le premier caractère est rarement harmonieux par la sensation d'asymétrie qu'il provoque; les tailles basses peuvent être charmantes et communiquent au corps féminin une apparence de gracilité, de fragilité qui n'est pas sans attirance.

La taille en elle-même est *ronde, ovale, carrée,* selon la section présentée à cette hauteur par le corps; les plus jolies tailles sont légèrement ovalaires, le grand axe étant

FIG. 130. — ASPECT DES TAILLES FÉMININES AUX DIVERSES ÉPOQUES.

dirigé de droite à gauche, le petit axe d'avant en arrière ; les tailles carrées sont disgracieuses.

Il est un caractère de beauté que les corsets les plus compliqués sont impuissants à masquer, c'est la convexité régulière des côtes, perceptible au dessin arqué de la taille ; les tailles à parois rectilignes, dites tailles « en pot de fleur », sont dépourvues de toute beauté.

III

Le Bassin.

Au-dessous de la taille les hanches dessinent leur souple contour, que les artifices de la mode tentent en vain de voiler ou de dénaturer.

Cette région du corps où se marque l'adaptation de la femme à la loi naturelle doit, pour se rapprocher de la perfection esthétique, offrir un développement modéré.

Les hanches seront bien modelées, peu musclées, s'unissant à la taille suivant une courbe parabolique très ouverte.

Lorsque le plan des dernières côtes fait avec la hanche un angle peu ouvert, le profil du bassin est d'une saillie exagérée, fortement convexe; ce défaut de conformation fait pressentir des jambes disgracieusement arquées, dont les genoux sont trop distants.

La liaison des hanches et de la taille présente parfois un pli particulier qui n'est perceptible que chez certaines races (fig. 131).

La hanche la plus parfaite offre jusqu'à la taille une surface uniformément arrondie; autour du fémur, au contraire, au point de contact avec la cuisse, là où la peau est plus adhérente aux parties sous-jacentes par suite de la rareté du tissu adipeux, on constate un méplat demi-circulaire, qui fait valoir particulièrement le galbe des cuisses.

Conformément à sa structure et à sa position, le bassin est chez la femme plus large, plus bas, plus saillant que chez l'homme; le développement des muscles, la fermeté de la couche adipeuse, l'élasticité de la peau assurent la beauté de cette région.

*
* *

FIG. 131. — LIAISON DU TORSE ET DES HANCHES.
Tanagra (Gérome).
Musée du Luxembourg.

Le ventre doit être peu convexe, étroit; les modes actuelles essaient de masquer cette défectuosité du corps féminin en ramenant l' « excédent » vers les régions supérieures du corps et en entourant le bassin de l'armature rigide du corset.

Le modelé du ventre est déterminé par le relief des muscles et la répartition du tissu adipeux.

Légèrement arrondi, le ventre présente trois sillons distincts : l'un suit la ligne médiane; les deux autres, latéralement, s'écartent du premier de la largeur d'une main. Ces trois sillons s'atténuent et s'effacent dans la région ombilicale pour reparaître en dessous de cette saillie. En dehors des deux sillons latéraux, la convexité des flancs s'accentue et il importe que les saillies délimitées par les sillons soient douces et harmonieusement aménagées.

*
* *

En dessous du nombril la région du bas-ventre doit être aplatie et ramenée en arrière, les ventres pendants sont des plus disgracieux. La répartition uniforme du tissu adipeux peut faire disparaître toute trace de sillon et réaliser le « ventre de crapaud »; la paroi abdominale s'amincit parfois, devient saillante en avant et ne présente alors qu'un faible modelé; le « ventre en pointe », ainsi obtenu, déforme toute anatomie féminine.

Vu de profil, le ventre doit présenter une courbe convexe autour de l'ombilic et légèrement concave en dessous, offrant « la convexité d'une coquille et le rentrant de la vague ».

Pour charmer le regret qui sans fin me dévore,
Je veux chanter aussi la gloire de tes flancs
Rebondis et jumeaux, plus que la neige blancs,
Polis, fermes et ronds comme ceux d'une amphore.

Comme aux treilles le pampre amer qui les décore
A leurs nobles contours enlacés et sanglants
S'obstinent mes désirs, et de baisers plus lents
La menteuse douceur monte à mes lèvres encore...

Rien qu'au ressouvenir de baisers abolis,
O flancs jumeaux, et plus que le marbre polis,
Vous êtes comme un temple assis dans ma mémoire,

Au-dessus de l'autel, où, lévite altéré,
Sacrilège un instant, j'ai bu le vin sacré,
Et c'est pourquoi, je veux redire votre gloire!

(J. MARNI[1]).

1. J. Marni. *Journal d'une Amoureuse.*

*
* *

La grossesse est l'écueil le plus sérieux du maintien de la beauté du ventre ; dans cette redoutable épreuve, sombrent bien souvent la rectitude et le modelé des formes parce que les mesures préconisées et suivies en cette occurrence constituent en général un double contresens : le ventre est serré énergiquement avant la grossesse et abandonné sans soutien après l'accouchement.

La compression durant la grossesse est nuisible à l'enfant et à la mère. La paroi abdominale, déjà fortement tendue pendant cette période, subit, du fait de la compression, une déformation plus grande encore, les muscles faiblissent et ne retrouvent jamais leur élasticité primitive. Dans les derniers mois de la grossesse on ne saurait trop recommander de remplacer le corset par des bandes qui soutiennent et soulèvent le ventre au-dessous du nombril sans le comprimer. Pour conserver l'élasticité de la peau et par suite la beauté des seins et du ventre, il est bon, surtout dans les derniers temps de la grossesse, de laver ces régions du corps avec une solution d'alcool à 30° aussi froide que possible.

Après l'accouchement il faut, dès les premières semaines, maintenir la paroi abdominale à l'aide de vêtements serrés jusqu'à ce qu'elle ait retrouvé complètement son élasticité ; ce temps dure en général six semaines et il faut avoir la patience d'aller jusqu'au bout ; autant de jours en moins autant de coups portés à la beauté.

En Angleterre on joint au trousseau de la jeune mariée une ceinture qui s'adapte exactement à la forme de son corps encore vierge ; sitôt après l'accouchement, la jeune femme met cette ceinture qui, le premier et le second jour, fait un peu mal sans doute, mais produit ensuite l'effet le plus bienfaisant en soulevant le corps et conserve au ventre sa forme juvénile. Les Hollandaises emploient à cet effet la *gurita* des Javanaises (Dr Stratz).

Par une hygiène bien entendue, la femme saura donc maintenir la perfection des formes du ventre jusqu'aux limites de la vieillesse.

*
* *

La région du nombril, particulièrement riche en tissu adipeux, est la partie la plus proéminente du ventre. Un nombril profond est par conséquent l'indice d'une conformation régulière.

Le nombril peut être superficiel ou profond, haut ou bas, grand ou petit; la largeur du nombril étant l'indice de la fermeture vicieuse de l'anneau ombilical, un petit nombril sera nécessairement plus beau puisqu'il est la conséquence d'un meilleur développement.

Le nombril, très bas chez l'enfant, remonte dans les deux sexes au fur et à mesure de la croissance; la hauteur du nombril est donc le signe d'une évolution normale.

Ces assertions nous permettent de placer dans sa petite dimension, sa profondeur, son élévation, les caractères de beauté esthétique du nombril, ces conclusions artistiques étant en complet accord avec les préceptes de la physiologie.

Par lui-même le nombril est dénué de toute beauté, — fût-il en forme de 5, comme le proclame un ironiste moderne; — il fallait tout le lyrisme oriental pour proclamer :

« Ton nombril est comme une tasse ronde toute comble

de breuvage ; ton ventre est comme un tas de blé entouré de muguet ». (*Cantique des Cantiques.*)

Le nombril n'a d'autre rôle que de rompre la monotonie des surfaces gauches des régions du bassin et de permettre d'apprécier la justesse des proportions du corps. D'après les canons anciens, on doit compter « une tête » de distance entre le sommet des seins et le nombril.

*
* *

C'est une erreur de prétendre que la partie postérieure du corps de la femme est le chef-d'œuvre de son anatomie.

Pour un homme de goût, la Vénus Callipyge n'a jamais passé pour un modèle à rechercher, et les lois générales de l'harmonie exigent, au contraire, que le développement des diverses régions du corps se produise sans prédominance ni accentuation.

D'ailleurs le développement excessif de cette région du corps communique à l'esthétique féminine une expression non équivoque de lourdeur et de vulgarité. Sainte-Beuve prétendait que George Sand possédait une trop grosse croupe pour avoir une belle âme [1].

*
* *

Selon les modes de notre temps, les étoffes sont si étroitement adaptées au relief de cette partie, qu'elles n'en laissent rien de caché. Comme pour les seins, il y a mille manières de « les » avoir belles, le relief en peut être plat

1. Correspondance de Sainte-Beuve avec M. et Mme J. Olivier, *Mercure de France* (janvier 1905).

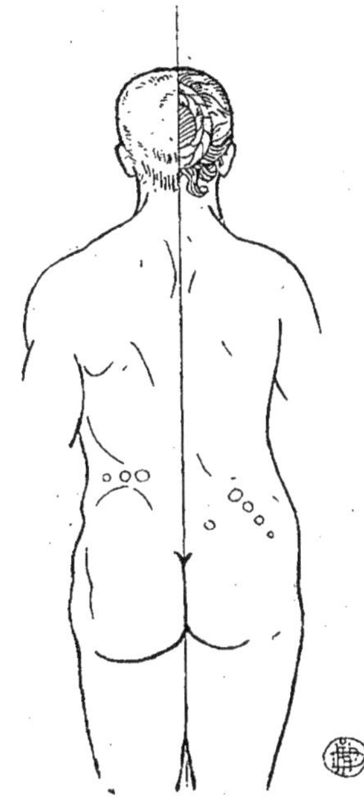

FIG. 132. — FORMATION DES DÉPOTS ADIPEUX CHEZ L'HOMME ET CHEZ LA FEMME.

et peu relevé comme dans la race celte, ou haut et large comme dans la race germaine.

L'usage des talons hauts qui forcent les reins à se cambrer pour rétablir l'équilibre, imprime à cette région un modelé particulier, dont la caractéristique se transmet fidèlement par hérédité.

Le développement moyen de cette région du corps est d'autant plus indispensable que, par une prédisposition naturelle, les dépôts adipeux se forment chez la femme, non à hauteur des reins, mais beaucoup plus bas (fig. 132).

La peau adhérant fortement à la charpente osseuse dans la région des reins et surtout aux épines postérieures, il se forme en cet endroit, lorsque le tissu adipeux se développe, deux *fossettes* lombaires. La distance entre ces deux fossettes ne doit pas être inférieure à 10 centimètres, leur forme ne doit pas être allongée, mais bien circulaire; enfin, les lignes qui joignent chaque fossette à l'extrémité supérieure de la rainure interfessière doivent former un angle droit.

*
* *

Pendant la marche et dans l'attitude hanchée se dessine

le pli fessier dont l'extrémité se perd insensiblement parmi le relief de la cuisse.

Les types italiens offrent la particularité suivante : le pli fessier, au lieu d'être droit ou convexe, dessine un profil légèrement concave, c'est-à-dire incurvé au-dessous du plan horizontal (Vignola). L'obliquité exagérée du pli fessier est un défaut révélant l'étroitesse du bassin.

Sous ce pli fessier se présente parfois un second pli particulier à la beauté féminine ; lorsque la peau est élastique et les contours bien dessinés, ce second pli donne au profil de cette région son profil spécifiquement féminin et ménage une habile transition par une ligne brisée entre la fesse et la cuisse. L'homme dont les muscles fessiers sont cependant bien moins développés, ne présente pas cette région intermédiaire et la démarcation de ces parties du corps se révèle suivant un brusque ressaut.

*
* *

Le rein sera large, puissant, bien soudé, flexible et résistant, chaud de ton et de la tactilité du velours : « il faut à la femme amoureuse un rein de jouteuse auquel le bras de l'homme puisse s'attacher, ou mollement, ou avec force, soit pour les bonds léonins, soit pour les repos languissants de la volupté [1] » ; la « chute des reins », selon l'expression consacrée, doit être harmonieusement aménagée.

On a cru longtemps que la région lombaire de la colonne vertébrale était plus longue chez la femme que chez l'homme. Merkel a établi que cette appréciation changeait de sens si l'on mesurait, non plus la partie

1. M. Barrière. *Loc. cit.*

antérieure des vertèbres lombaires, mais la partie postérieure; il en résulte que dans la région lombaire la colonne vertébrale de la femme est plus incurvée, ce qui dessine des reins plus creusés et une ligne du dos plus sinueuse.

LES MEMBRES

I

Le Bras.

Toutes les parties du corps féminin doivent révéler ce cachet de grâce timide, de faiblesse précieuse qui synthétise le caractère moral de la femme.

Tandis que la beauté du bras masculin réside dans sa musculature puissante et noueuse, le bras féminin doit être fin et régulièrement cylindrique. Rien n'est plus joli, plus rare qu'un bras « rond » et s'il est une région du corps où la perfection esthétique ne se rencontre qu'exceptionnellement, c'est à l'attache même du bras. La liaison du bras et du tronc doit s'effectuer sans accroissement sensible de diamètre; les deltoïdes seuls doivent marquer par une légère saillie le développement de leurs fibres musculaires (fig. 133).

Cette particularité est peu fréquente et trop souvent l'attache présente un empâtement, un écrasement des chairs, qui non seulement nuit à la beauté de l'épaule, mais contrarie la grâce du geste. La défectuosité de l'attache du bras cause chez les femmes modernes la déformation suivante : le plus grand diamètre du thorax n'est pas à hauteur de l'épaule; mais, par suite de l'aplatissement des chairs, à la liaison du bras, quelques centimètres au-dessous de l'articulation. Les femmes soucieuses de la correction de leurs épaules doivent donc rechercher à

FIG. 133. — ATTACHE PARFAITE DU BRAS A L'ÉPAULE.
La femme à l'éventail (Abel Faivre).
Musée du Luxembourg.

développer le muscle deltoïde, seul modelé de l'attache du bras, par des mouvements latéraux, verticaux, des membres supérieurs. C'est précisément la rareté de ces mouvements des bras raidis et étendus, parmi les attitudes de la vie moderne qui cause la déformation fréquente de l'attache du bras.

Les deltoïdes recouvrent en effet les muscles réunissant l'omoplate au bras et forment à eux seuls le modelé de l'épaule.

La beauté de l'épaule dépend donc du développement de ces muscles et de leur exercice. Les Albanaises, habituées à porter leurs fardeaux sur la tête et à tenir les bras élevés pour les soutenir, présentent des épaules remarquablement belles.

De délicates fossettes peuvent même se dessiner à l'endroit précis où la peau adhère à la crête de l'omoplate.

Le bras possède une longueur convenable lorsque dans

la position pendant naturellement le coude est à la hauteur de la taille, le poignet à hauteur des organes génitaux.

La distance entre l'épaule et le coude doit égaler sensiblement l'écartement de l'épaule et du mamelon du côté opposé ; la distance du coude au poignet équivaut à l'écartement oblique du mamelon au nombril.

*
* *

Le bras constitué par l'humérus, l'avant-bras comprenant le radius et le cubitus doivent présenter des axes dans le prolongement l'un de l'autre; lorsqu'un angle obtus se manifeste en tournant la paume de la main en avant, on peut en conclure l'existence de traces de rachitisme confirmées par l'examen de l'épaisseur du poignet.

Le cubitus présente à l'articulation du coude un bouton arrondi, l'olécrane qui pénètre dans l'humérus lorsque le bras s'étend.

Chez une femme bien conformée on constate à la région postérieure du bras une fossette particulière; lorsque l'olécrane est épaissi, il se forme, au contraire, des plis disgracieux; dans la flexion, le coude montre une saillie pointue inélégante.

Le coude pointu est une conséquence du rachitisme ou d'un travail musculaire excessif durant l'enfance.

Le membre supérieur dans son ensemble est correctement édifié si la droite qui joint les milieux des articulations de l'épaule et du coude, passe entre le quatrième et le cinquième doigt, le bras pendant naturellement la paume de la main étant tournée en avant (Merkel).

Il semble prouvé que cette rectitude est beaucoup plus fréquente chez la femme que chez l'homme, où le travail intense des muscles modifie l'orientation des articulations.

La peau du membre supérieur est, principalement au bras, plus fine chez la femme que chez l'homme, les dépôts adipeux seront plus abondants et la forme du bras paraît plus arrondie (fig. 134).

L'avant-bras, épanoui en un léger fuseau où le coude masque ses fossettes, aboutit au poignet délié ; c'est une banalité courante que d'exprimer la grâce des attaches fines. L'épaississement du poignet, surtout du côté du petit doigt, constitue, avec les déviations de la colonne vertébrale et de l'avant-bras, le rétrécissement du bassin, la largeur des chevilles, un des signes manifestes du rachitisme qui se présente actuellement, sous une forme peu visible, dans une proportion de 30 pour 100, parmi les femmes du peuple. Certains artistes, oubliant de porter leur attention sur ce point particulier, représentent des types offrant les signes caractéristiques de cette dégénérescence. Dans le tableau de Klein, *le Jugement de Pâris,* l'épaisseur des articulations des poignets et du pied prouvent d'une manière certaine que les trois déesses ont été atteintes de rachitisme ; le prix est sans doute décerné à Aphrodite parce qu'elle en présente les symptômes les plus nets ; la fameuse *Ève* de Stuch a été également atteinte de cette affection (Dr Stratz).

*
* *

Rien n'est plus expressif que la main d'une femme. L'œil peut peindre l'état de notre âme, mais la main trahit à la fois les secrets du corps et ceux de la pensée ; aussi de tout temps a-t-on attaché une importance essentielle à la forme de la paume, à la minceur des doigts, à la finesse des articulations. « Quoi des mains! disait Montaigne, mais, par elles, nous requérons, nous promettons, nous congédions, nous menaçons, nous prions, nous refusons, nous craignons, nous commandons, nous encourageons, nous jurons, nous accusons, nous flattons, nous applaudissons, nous bénissons. »

La main est l'instrument essentiel du toucher, c'est-à-dire du sens qui remplace le moins imparfaitement tous les autres; la somme entière de notre force, de notre adresse, passe par elle, et il est à remarquer que les hommes à puissante intelligence ont presque tous eu de belles mains (Balzac).

La main transsude la vie et partout où elle se pose, elle laisse les traces d'un pouvoir magique : « aussi est-elle de moitié dans tous les plaisirs de l'amour ».

« Nous acquérons la faculté d'imposer silence à nos yeux, à nos lèvres, à nos sourcils et au front, mais la main ne dissimule pas et rien dans nos traits ne saurait se comparer, pour la richesse de l'expression. Le froid et le chaud dont elle est passible ont de si imperceptibles nuances qu'elles échappent aux sens des gens irréfléchis, mais un homme doit les distinguer pour peu qu'il se soit adonné à l'anatomie des sentiments et des choses de la vie humaine; la main a mille manières d'être : sèche, humide, brûlante, glacée, douce, rèche, onctueuse, elle palpite, s'endurcit, s'amollit, enfin elle offre un phénomène inexplicable qu'on est tenté de nommer l'incarnation de la pensée. » (Balzac.)

C'est l'attrait sensuel et mystique des mains qui sut inspirer à Rodenbach ses vers les plus troublants.

Je me souviens de telles mains, mains gardiennes !
Du rose d'une neige au soleil, lumineuses
Comme un albâtre pâle où dorment des veilleuses,
Ces chères mains qui m'ont été quotidiennes.
Mains si claires ! Elles s'entouraient d'un halo
Dans l'air qui, de les voir jeunes, semblait vieilli ;

Si calmes, elles étaient comme un fruit cueilli;
Fraîches, elles semblaient avoir joué dans l'eau,
Ces fières mains, ces mains douces, ces mains bénignes,
Qui se posaient sur mes cheveux, pleines de zèles,
Qui me couvaient avec l'appuiement chaud des ailes
Et miraient dans mes yeux l'écheveau de leurs lignes.
Mains de ma destinée où tout se présagea!
Et le premier émoi de mes mains dans ces mains!
Attouchements définitifs qu'on croit bénins,
Endroit minime où l'on se possède déjà.

II

Douceur des mains où sont cachés des viatiques,
Les mains qui sont un peu notre âme faite chair!
Mains modestes, mains calmantes, mains magnétiques
Pâles d'avoir semé des fluides dans l'air.
Mains de pardon sur les péchés, ou mains de proie
Sur les cheveux, ainsi que des chauves-souris,
Les emmêlant d'un vol qui tournoie et foudroie.
Mains comme des bouquets, et mains comme des cris.
O mains non moins spirituelles que charnelles!
Les mouvements sans fin de l'âme sont en elles,
Transmis en un instant, avec quels fils ténus!
Mains dociles en qui des ordres sont venus
Dont elles sont les très ponctuelles servantes;
Par elles s'accomplit tout le bien, tout le mal,
Puisant l'eau sans péché dans le puits baptismal,
Condensant le poison en mixtures savantes.
Mais complices de tous les actes, de tous les
Élans de l'âme! Mains qui sont comme des clés
Pour ouvrir tous les cœurs et toutes les serrures.
O si subtiles mains, expertes aux luxures,
Qui dosent le péché, qui graduent la langueur;
O si subtiles mains, expertes aux prières,
Jointes comme les mains des Saints dans les verrières,
Mains — des outils pour se façonner son bonheur!
Toutes ces mains : d'amants, de héros, de fileuses;
Les mains ont des reflets comme le fil d'une eau;
Les mains ont des échos sans fin, ô recéleuses
Des secrets de l'alcôve et de ceux du tombeau!

III

Souvent on voit des mains qui sont faibles et lasses
D'avoir voulu cueillir trop de roses ou d'âmes;
Elles pendent le long du corps comme des rames,
Et ce n'est que du silence qu'elles déplacent
En remuant, de temps en temps, dans l'air à peine!
Mains qui voudraient un peu s'amarrer à la rive,
Mais que la vie, au fil de son courant, entraîne,
Mains sans espoirs et sans désirs, à la dérive. .

La main est celui de nos organes qui traduit le plus immédiatement nos affections sensuelles; apprendre à connaître les sentiments par les variations atmosphériques de la main, que presque toujours une femme abandonne sans défiance, est une étude moins ingrate et plus sûre que celle de la physionomie.

*
* *

La longueur de la main correspond au neuvième de la hauteur totale, et on doit retrouver cette longueur dans la distance qui sépare le nombril de l'articulation des hanches (Langer).

Les doigts gros et courts, crochus, les articulations noueuses, les poignets larges, constituent des tares évidentes; on considérera au contraire comme des signes de beauté l'étroitesse et la forme arrondie de la main, la présence de fossettes sur les surfaces articulaires, la finesse et l'allongement des doigts terminés par des ongles plus longs que larges.

*
* *

La question de la longueur relative des doigts a donné

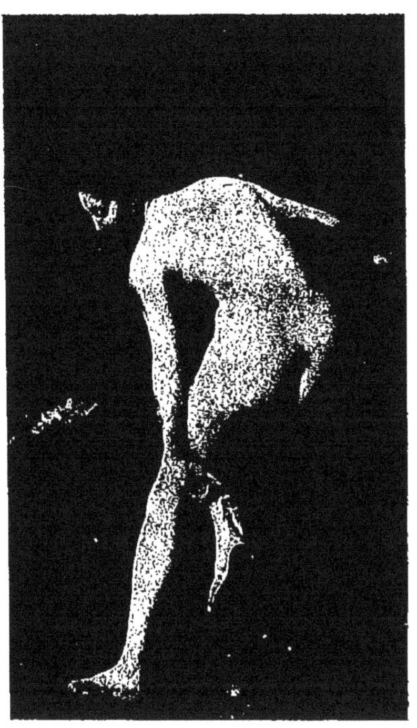

FIG. 134. — DESSIN RÉGULIER DU BRAS FÉMININ.
Arthémise (Wencker).
Musée du Luxembourg.

lieu à de curieuses polémiques : l'index doit-il être plus long que l'annulaire ?

Chez le singe, le deuxième doigt est toujours plus court que le quatrième ; la longueur du deuxième doigt constituerait donc un caractère de perfectionnement et Casanova, Mantegazza considèrent cette particularité comme un rare privilège. Dès 1874, Braune établit cependant par de nombreuses mensurations que le raccourcissement apparent du deuxième doigt tient simplement à l'obliquité de sa base d'articulation sur le métacarpe et que, chez 70 pour 100 des humains, l'index est normalement plus long que l'annulaire.

Il faut noter cependant que cette particularité, « signe d'une évolution plus avancée », se manifeste beaucoup plus fréquemment chez la femme que chez l'homme.

*
* *

Préservée des dures besognes, des travaux pénibles, la

main féminine acquiert par les délicats travaux de couture ou la pratique des instruments de musique une souplesse et une délicatesse qui en accroissent le charme.

La main particularise nettement le caractère typique de la beauté du corps; par ses dimensions, son caractère; elle définit l'essence même de l'architecture ethnique et dans ses proportions réduites peut représenter le corps tout entier.

Il est regrettable qu'à notre époque d' « utilitarisme » on laisse perdre la tradition de cette beauté; depuis la disparition de la charmante coutume du baise-mains, ce souci demeure bien rare. L'attrait des jolies mains justifiait cependant les soins des marquises du XVIIIe siècle, qui évitaient de les fermer pour n'y point voir paraître de rides ou des belles Espagnoles, qui dormaient les mains attachées aux colonnes du lit pour éviter l'apparition des veines.

II

La Jambe.

Les véritables artistes professent un culte particulier pour la beauté de la jambe féminine. Certains auteurs vont même jusqu'à prétendre que tout voluptueux raffiné préfère cent fois une jolie jambe à un beau sein. « La jambe est comme le chemin de l'oasis où doit venir s'ébattre l'explorateur, l'avenue du sanctuaire où l'on sacrifiera à la déesse; quand cette voie est belle, le promeneur s'y arrête complaisamment, ayant le temps de toucher au but; il jouit auparavant de l'enchantement du paysage. » (M. Barrière.)

*
* *

Les Espagnols, qui de tout temps ont passé pour un peuple voluptueux, tenaient en particulière estime la beauté de la jambe des femmes et cette recherche se manifestait par le souci avec lequel, à la cour, les femmes avaient soin de dissimuler ces précieux attraits en les enveloppant de jupes très longues qui communiquaient à leur démarche une allure toute particulière (Brantôme). « Une reine d'Espagne n'a pas de jambes, » murmuraient sentencieusement les vieux Castillans.

Mme d'Aulnay ajoute dans ses *Mémoires* que c'était la

dernière faveur à la cour d'Espagne qu'une femme puisse accorder à son amant que de lui laisser voir sa jambe.

* * *

La beauté de la jambe est un caractère individuel qui se manifeste dès l'enfance, et se conserve intact jusqu'aux limites de l'âge mur. La cuisse doit présenter une direction parfaitement rectiligne indiquant l'orientation régulièrement verticale du fémur. Rien n'est plus disgracieux que la courbure des rayons inférieurs; les jambes rapprochées, une sorte d'ogive se dessine alors entre elles qui fausse irrémédiablement l'aplomb du corps féminin.

Il n'est pas sans grâce de voir les cuisses plutôt longues que courtes; la démarche emprunte à ce caractère une cadence particulière et le vêtement se drape avec plus d'art; dans la « situation assise », le corps féminin paraît plus harmonieux.

Les muscles de la cuisse sont moins puissants chez la femme que chez l'homme; l'aplatissement latéral qui résulte de la forte musculature de cette région s'éloigne donc de la beauté parfaite; les cuisses de la femme doivent être rondes; cependant l'envahissement très fréquent des régions supérieures de la cuisse par le tissu adipeux, communique parfois à cette partie du corps un profil convexe en dedans qui constitue une réelle défectuosité.

La liaison du ventre aux cuisses se réalise par les molles inflexions des courbes de l'aine. Deux processus sculpturaux peuvent se remarquer : tantôt les plis de la cuisse forment un angle aigu, suivent une direction fortement ascendante et se confondent de chaque côté avec la ligne du bassin qui descend des épines iliaques; tantôt la direction des plis de l'aine est moins ascendante, l'angle plus ouvert, tandis que la ligne du bassin dessine

FIG. 135. — ATTACHE DES CUISSES AU BASSIN (2e PROCESSUS).
L'Aurore (Delaplanche).
Musée du Luxembourg.

elle-même un sillon transversal distinct; on remarque alors deux plis distants; la seconde forme passe pour être plus parfaite (fig. 135).

Richer signale un troisième sillon situé entre le deuxième pli et l'ombilic, mais cette ligne paraît être artificielle et dériver de la déformation produite par le costume féminin.

Le genou sera délicatement moelleux, sans saillies excessives, mais au contraire fondu comme dans un ovale de médaillon, « cachant sous ses demi-fossettes l'agrafe des muscles et le nœud des os (E. de Goncourt). L'usage de la jarretière détruit la finesse du genou, cette déformation, nous l'avons dit, est particulièrement visible sur les modèles de Rubens.

*
* *

Les membres inférieurs doivent présenter une rectitude d'aplomb nettement établie.

Dans la position verticale, les cuisses rapprochées sans effort sont tangentes en quatre points, au tiers supérieur de la cuisse, au genou et au mollet. Chez la femme où les cuisses sont plus pleines et les jambes plus rondes, le contact peut être plus intime; on ne doit pas voir de jour entre les jambes d'une femme quand elles sont debout juxtaposées.

Certaines particularités permettent de se rendre compte *à priori* de la correction harmonique de cette région du corps féminin : des hanches saillantes très convexes laissent présager en général des jambes creuses à la partie interne.

Lorsque les genoux sont distants, les chevilles se touchant, les jambes sont courbées en dehors (jambes en O); si les chevilles ne se rejoignent pas lorsque les genoux sont en contact, les jambes sont courbées en dedans (jambes en X).

La défectuosité pourtant réelle des jambes en X — très fréquente chez les femmes — a trouvé des juges indulgents, parce que cette déformation rappelle une attitude justement aimée, celle qui traduit d'une si jolie façon le sentiment de la pudeur féminine; pour une raison d'ordre invers, les jambes en O sont d'une esthétique fâcheuse.

Si l'on veut estimer rigoureusement la rectitude des aplombs, il faut examiner la direction de la ligne qui joint le milieu de l'articulation de la hanche, le milieu du genou, le milieu du cou-de-pied et le deuxième orteil, cette ligne doit être parfaitement verticale (Mikulicz); dans l'embarras où l'on se trouve de déterminer sur un sujet vivant l'articulation de la hanche, on peut choisir comme point de repère le milieu du pli de l'aine.

Il faut encore que l'aplomb existe sur la face latérale;

FIG. 136. — PANIERS LOUIS XV.
Mlle de Lamballe.
Musée de Versailles.

une ligne menée du trochanter à la malléole externe doit couper le genou en son milieu (Brücke).

La longueur du membre inférieur tout entier — égale à la hauteur de la tête et du tronc réunis — est environ de 4 têtes, la longueur totale étant de 7 têtes 1/2; on voit que le membre inférieur s'élève d'un quart de tête au-dessus du milieu du corps.

La longueur de la cuisse est en général égale à la distance de l'articulation de la hanche au mamelon du côté opposé; et la longueur de la jambe équivaut à l'écartement de l'articulation de la hanche et du mamelon du même côté.

*
* *

La direction régulière de la jambe étant déterminée, il convient d'examiner la beauté de cette région considérée en elle-même.

On sait que la partie saillante de la jambe — le mollet — est plus élevée chez la femme que chez l'homme; cette particularité permet à la cheville de se montrer dans toute sa finesse. Le profil de la jambe dessine un demi-fuseau dont la courbe génératrice, harmonieusement progressive, donne, en section horizontale supposée faite à 5 ou 6 centimètres au-dessous du genou, un tour variant entre 36 et 42 centimètres selon la taille générale.

On doit pouvoir compter une longueur égale entre le plan de cette section et la naissance de la cheville; cette particularité mathématique s'observe avec une constance remarquable sur tous les modèles véritablement parfaits, les jolies jambes sont donc « géométriquement semblables à elles-mêmes ».

En deçà et au delà des mesures citées, il y a faute d'esthétique, mais les défauts sont inégalement frappants; une jambe longue peut être supportable, une jambe trop courte est d'une inélégance absolue.

Les Don Juan possèdent un indice mystérieux qui leur permet de juger sous les plis de la jupe de la régularité du mollet. La jambe d'une femme est bien faite lorsque pendant la marche un rebondissement très léger de l'étoffe se produit un quart de seconde environ avant que s'accentue la flexion du jarret; d'ailleurs la rondeur des jambes est presque toujours en harmonie avec celle de la taille; un buste à contours anguleux, étroit, indique toujours une jambe intérieurement plate. Les femmes à gorge opulente présentent rarement une jambe irréprochable. (Loi de corrélation.)

La délicatesse et la souplesse de l'attache du cou et de l'épaule — surtout lorsque la liaison offre la courbe dite col de cygne — permettent d'affirmer la rondeur de la jambe. Un pied délié, mince et long, se posant la pointe en dehors, indique une jambe fine, mais qui peut être maigre; lorsque la femme est grande avec le buste mince, la jambe est ordinairement bien modelée et l'on admet en général que les tailles rondes, les épaules tombantes, les gorges menues, les profils allongés, les figures en forme de V terminé en ovale sont les indices révélateurs de la beauté impeccable de la jambe.

*
* *

L'utilité de ces notions divinatrices ne saurait être contestée. Par une bizarre anomalie, les modes féminines se sont toujours complu à masquer complètement la ligne des membres inférieurs, et ce furent les *vertugadins*, les *garde-infantes*, les *paniers* et les *crinolines* (fig. 136).

*
* *

La perfection de la ligne n'est pas suffisante pour caractériser la beauté de la jambe, il faut y joindre la souplesse des articulations; une belle jambe au repos est toujours admirable, l'admiration se double à la voir marcher.

*
* *

Les danseuses présentent un remarquable exemple de beauté esthétique de la jambe par suite de l'entraînement progressif auquel les membres postérieurs ont été soumis.

Ces artistes paieraient très cher, — s'il faut en croire certains auteurs, — cette perfection esthétique.

« Quel fruit attendre d'efforts si peu proportionnés aux moyens d'un sexe délicat? Les muscles fatigués sans discrétion consomment sans mesure; les esprits destinés à nourrir le feu des passions et le travail du cerveau sont détournés de leur route; l'absence des désirs, le goût du repos, tout indique une nature appauvrie, plus avide de réparer que de jouir. » L'Amour qu'une danseuse inspire est bien trompeur. On rencontre avec dépit sous un printemps factice, un sol froid et avare, et des sens incombustibles.

« ... J'ai beaucoup vécu ces temps derniers avec les danseuses du théâtre *del Sol* à Valence — rapporte Stendahl — l'on m'assure que plusieurs sont fort chastes[1]. »

En se basant sur de nombreuses observations, Balzac préconise la danse comme le plus sur « dérivatif » des dérèglements des femmes. « La vie des pasteurs donna naissance aux amours effrénées; les mœurs des tisserandes, immobiles par nécessité de métier, furent horriblement décriées dans la Grèce; les Italiens ont consacré un proverbe à la lubricité des boiteuses et les Espagnols ajoutent : « Mujer y gallina pierna quebrantada » : Il est bon que la femme et la poule aient une jambe rompue. La profondeur des Orientaux se décèle tout entière par cette ordonnance du calife Hakins, fondateur des Druses, qui défendit sous peine de mort de fabriquer dans ses États aucune chaussure de femme. »

J.-J. Rousseau recommande de faire beaucoup marcher *Emile*, soulignant ainsi la relation étroite entre l'activité des jambes et l'assoupissement des excitations sensuelles; les femmes d'Italie ne font pas en toute l'année les courses d'une jeune miss en une semaine (Stendahl).

Il semble que sur tout le globe les tempêtes du cœur attendent pour éclater le repos des jambes. Si ces théo-

1. Stendahl. *De l'Amour*.

ries étaient conformes à la vérité, il faudrait déplorer de ne pouvoir rencontrer en un même corps féminin, et la beauté parfaite des jambes et l'aptitude consciente aux luttes amoureuses.

*
* *

Le pied doit être dans ses lignes, dans ses proportions, en harmonie parfaite avec la jambe; son exiguïté peut être un caractère défavorable.

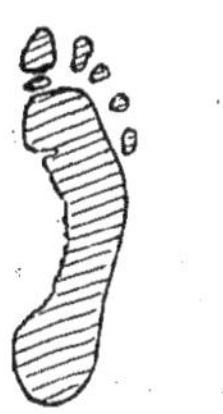

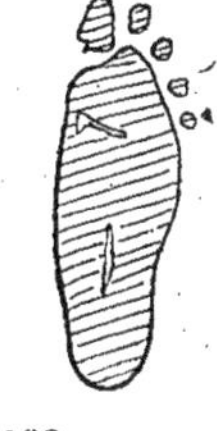

FIG. 137-138.

Empreinte plantaire excavée, indiquant un pied cambré. | *Empreinte plantaire entière, révélant un pied plat.*

La longueur du pied est en relation étroite avec la conformation du corps; sa dimension doit être comprise dans la hauteur totale, six fois au moins, sept fois au plus (Quetelet); le pied est donc plus long que la tête. Suivant une règle antique, la longueur du pied est égale à la circonférence du poing.

D'après Schopenhauer, l'importance extrême que nous attribuons tous aux petits pieds tient à cette particularité, qu'ils sont un caractère essentiel de l'espèce humaine. Aucun animal ne présente en effet le tarse et le métatarse aussi petits que l'homme — essentiellement « plantigrade » et accoutumé à la marche verticale[1]. — Une femme bien faite qui a de beaux pieds « est comme des colonnes d'or sur des socles d'argent » (J. Sirach).

La cheville sera fine et délicate, révélant ainsi la légèreté de la charpente osseuse et l'absence de tout signe de rachitisme.

1 Schopenhauer. *Métaphysique de l'Amour.*

Le caractère esthétique le plus net du pied réside dans le profil de la voûte plantaire et la cambrure du cou-de-pied qui en dépend.

Normalement la voûte plantaire, c'est-à-dire l'espace compris entre le sol, à l'appui, et la partie interne de la surface plantaire, doit être assez élevée pour qu'un petit oiseau, quand même ce ne serait qu'un tout petit oiseau, puisse s'y loger (Dr Stratz[1]).

Les pieds plats, à voûte plantaire effacée, correspondent toujours à un cou-de-pied peu élevé.

Pour apprécier exactement la correction du pied, il suffit donc d'évaluer l'importance de la voûte plantaire en prenant sur le sol l'empreinte du pied, mouillé au préalable. Lorsque la figure obtenue laisse une lacune importante à la région médiane interne, la voûte est bien excavée, le cou-de-pied sera cambré (fig. 137 et 138).

Les jolis pieds sont minces, allongés, finement dressés en arc d'au moins trente degrés ; « les doigts seront longs nettement séparés, purs de tout cal et ornés d'ongles taillés comme la nacre des coquillages ».

Le plus long des orteils est le second ; ce caractère, perceptible chez l'embryon, se rencontre dans une proportion de 70 pour 100 parmi la race blanche (Braune). Le gros orteil paraît souvent plus long par suite du recroquevillement des autres doigts occasionné par la pression des chaussures. Cette déformation entraîne également la déviation en dedans du premier doigt dont l'articulation métatarsienne dessine ainsi une saillie disgracieuse. Le gros orteil est proportionnellement beaucoup plus court chez la femme que chez l'homme.

On a établi, à la suite de nombreuses observations, que le petit orteil ne se compose que de deux os au lieu de trois (Pfitzner) ; le petit doigt du pied est donc en voie

1. Dr Stratz. *La Beauté de la Femme.*

de régression et disparaîtra complètement dans un certain temps.

La nature semble prendre en pitié l'humanité en diminuant lentement l'importance de cet organe, siège de prédilection des cors. A ce point de vue particulier, les femmes paraissent plus avancées dans cette évolution : le petit orteil n'a que deux phalanges dans 41 cas sur 100 observés sur des pieds féminins. Ce chiffre s'abaisse à 31 pour 100 dans le cas du sexe fort. On établira donc comme caractères esthétiques des orteils chez la femme, la longueur du second doigt, la brièveté du premier, la réduction du petit doigt.

La coutume, odieusement généralisée, des chaussures étroites a faussé d'ailleurs dans la plupart des cas la beauté du pied féminin.

Nu, le pied doit être beau; chaussé, il devient « spirituel » ; il sait se poser avec grâce, frétiller sous la jupe, jouer avec la mule qui coiffe ses orteils, tantôt se couvrir discrètement jusqu'à la cheville, tantôt se replonger dans le mystère des dessous pour reparaître en une nouvelle pose suivant les capricieuses règles d'une tactique qui n'a pas de nom (M. Barrière). « Toute la coquetterie d'une femme tient pour ainsi dire dans son pied. »

XXVII

DES MÉTHODES DE SÉLECTION

Cette brève étude des perfections et des tares du corps féminin nous conduit à la recherche des méthodes susceptibles d'apporter à la disparition de la beauté, compromise par les métissages continus, un remède efficace.

Les caractères de supériorité esthétique, examinés en chacun des chapitres précédents, se rencontrent parmi les divers facies féminins, mais dispersés et dissociés si bien que la supériorité réelle d'une région du corps féminin perd toute sa valeur par suite de l'incorrection ou même seulement du caractère hétérogène des parties avoisinantes.

Il importerait donc de rassembler, de réunir les caractères ethniques, placés au hasard, parmi les esthétiques féminines et de reconstituer de toutes pièces les types harmoniques que créa la nature, longiligne, dolichocéphale à profil accentué, bréviligne, brachyphale à facies atténué.

La seule méthode recommandable pour cette œuvre de régénération des types est la pratique d'une étroite sélection.

*
* *

La sélection consiste à proprement parler dans le choix

judicieux et raisonné des reproducteurs ; ce choix est dicté par des motifs spéciaux, définis par le but même de l'entreprise poursuivie.

En matière esthétique, l'idéal à atteindre étant la réalisation de la pure beauté, la sélection s'orienterait vers l'harmonie générale, la perfection des formes, la rectitude des aplombs.

La sélection s'est placée, en zootechnie, comme la méthode de reproduction la plus sûre et la moins aléatoire pour amener une race au summum de la spécialisation; mais l'application de ces procédés dans l'exploitation du bétail est rendue facile par ce fait qu'un certain nombre seulement des sujets sont destinés à la reproduction.

L'exemple des Spartiates, « n'élevant au-dessus de terre que les enfants vigoureux et bien constitués », reste dans l'histoire comme une application isolée et brutale de la sélection. Sans préconiser le retour de semblables rigueurs, des esprits éclairés ont parlé de la nécessité d'apporter au mariage des restrictions d'ordre hygiénique ou physiologique. Les auteurs de ces projets de loi visaient plus particulièrement la lutte contre les maladies héréditaires qui déciment actuellement l'humanité, mais en pareille matière, une corrélation étroite existe entre la correction physiologique et la rectitude anatomique, entre la santé et la beauté.

Ces idées généreuses ont trouvé faible créance dans l'esprit des foules, et le mariage demeure actuellement un acte spontané et relativement libre; les quelques restrictions ou obstacles apportés à son accomplissement étant — ce qui paraît bien étrange et paradoxale — d'ordre administratif, plutôt qu'hygiénique ou esthétique.

Dans ces circonstances, la sélection ne pourra revêtir ce caractère de principe restrictif et éliminatoire, mais s'exercera néanmoins d'une manière efficace bien que latente, lorsque la mentalité des hommes, avertie et instruite des conditions mêmes de la beauté féminine, laissera guider son choix par la recherche de la perfection des formes.

FIG. 139. — LAURA DE DIANTI (LE TITIEN).
Musée du Louvre.

En l'état actuel de nos mœurs, l'application, la sélection se borne donc à la connaissance exacte des conditions mêmes de la beauté physique et à la détermination précise des règles hygiéniques permettant de développer ou de maintenir la perfection des formes.

Même limitée dans ce double cadre, l'influence de la sélection se révèle d'une importance et d'une nécessité incontestables.

XXVIII

DE LA CONNAISSANCE EXACTE DE LA BEAUTÉ

Il semble paradoxal de vouloir ériger en système didactique la connaissance exacte de la beauté féminine, cette entité semblant établie avec toute sa précision dans l'esprit des hommes.

Or, il faut reconnaître que la notion précise de la beauté est des plus confuses parmi les générations actuelles; les jugements émis sont ordinairement entachés d'erreur par suite : 1° de l'influence perturbatrice du jeu sexuel; 2° de l'ignorance des règles exactes de l'esthétique humaine.

*
* *

L'appréciation rigoureuse de la beauté féminine suppose un jugement libre et sûr : or l'Amour ou son principal truchement, le Désir, vient souvent fausser notre critique.

La première vision d'un corps de femme dans son éclatante nudité suggère à l'homme une sorte d'angoisse, d'effroi, — prémices du désir viril — qui le laissent troublé et inquiet devant cette divine apparition « ... Elle se mit à se déshabiller. Quelle émotion singulière m'emplissait! tandis qu'un vêtement après l'autre tombait, la nature dépouillée du voile qui lui est étranger me paraissait elle-même étrangère et me causait un sentiment d'effroi... » (Gœthe [1].)

C'est sous cette forme « émotive » que l'homme prend connaissance de la beauté féminine. Plus tard, lorsque de nombreuses expériences auront émoussé cette sensibilité spéciale, et familiarisé les sens avec cette vision, le désir seul obscurcira son jugement devant la nudité féminine, le primitif sentiment d'effroi se transformant en excitation sensuelle. Ce sentiment est si général qu'il s'empare du médecin devant sa première malade, de l'artiste devant son premier modèle; il s'efface peu à peu lorsque l'artiste n'aperçoit plus que la beauté et le médecin l'humanité dans la femme; il s'évanouit complètement lorsque l'homme a pris l'habitude de contempler le nu. Mais nous touchons ici au point faible de cette argumentation. Quels sont les mortels fortunés qui ont pu, dans le cours de leur vie, contempler les variétés de la beauté féminine dans leur splendide nudité?

*
* *

En dehors de l'artiste et du médecin, les hommes ne connaissent rien du corps féminin; ils n'en voient que le visage et les mains, et dans les occasions « solennelles » les bras et les épaules. Durant son existence, l'homme moderne ne voit qu'un seul ou que quelques corps de femmes nues, et dans des circonstances telles que sa faculté de jugement est faussée par le désir.

Quelles notions exactes peut posséder cet homme sur la correction du corps féminin?

La connaissance du visage lui est familière par suite des occasions où il se trouve de l'examiner; aussi ren-

1. Gœthe. *Lettres de Suisse.*

contre-t-on sur la correction du visage des opinions concordantes, mais la faiblesse du jugement se révèle flagrante dans l'appréciation de la beauté du corps féminin.

« Lorsqu'on interroge le premier venu sur une femme dont il aime le visage, il ne manque pas d'en affirmer la beauté, et sans doute n'a-t-il pas tort, si tant est que l'incontestable variété des goûts doive justifier toutes les opinions. Mais dès qu'on s'enquiert de la femme par l'ordinaire question : Est-elle bien faite? — « Comme une statue! » nous répond-on invariablement. Ce « comme une statue » est aussi étourdiment déclaré à propos de n'importe quelle femme par les individus qui s'y connaissent le moins. » (M. Barrière.) L'ignorance du public en cette matière est des plus manifestes; c'est à peine si quelques maîtres de la palette ou de l'ébauchoir ont, en fait de nu, la juste notion du beau; la foule demeure, sur ce point comme en tout, ignorante en proportion de son indifférence, non par suite de son inaptitude à juger, mais plutôt de la rareté des occasions où pourrait s'exercer son esprit de critique.

FIG. 140. — VISIBILITÉ DE LA BEAUTÉ FÉMININE A TRAVERS LE VÊTEMENT MODERNE.

Les Grecs vivaient en perpétuel contact avec la beauté; la grâce des femmes demeurait visible à travers les voiles du péplum, aucun artifice ne modifiant le galbe des formes ou la cadence des gestes, la douceur du climat, les facilités de l'existence permettant la libre éclosion de la grâce féminine (fig. 141).

C'est à ces conditions favorables que l'art de l'Hellade doit sa perfection jamais dépassée. L'homme actuel a perdu peu à peu la notion du beau parce que la civilisation a mis des obstacles infranchissables à la perception de la beauté féminine (fig. 140).

***

L'éducation dote d'ailleurs nos contemporains d'une mentalité telle que la véritable beauté saine, forte, les effraie et les détermine à porter leurs suffrages aux facies inférieurs qu'un maquillage savant, une coquetterie excessive, modèlent suivant un type illusoire et trompeur.

FIG. 141. — VISIBILITÉ DE LA BEAUTÉ FÉMININE A TRAVERS LE VÊTEMENT ANTIQUE.
Victoire de Samothrace.

Il faut aux séducteurs contemporains l'excitant du luxe, du chic ; la nature dans son superbe épanouissement leur semble grossière et malhabile. Combien de sportsmen parmi les amateurs de pur sang sont-ils susceptibles d'apprécier la beauté du percheron ?

Catulle Mendès dans une nouvelle intitulée : *La Peur de la Beauté*, note avec précision cette tare de l'esprit humain et montre son héros refusant avec effroi le don précieux d'un corps de femme sain et robuste. Quelques années plus tard, le même homme désire avec passion la beauté flétrie, mais parée, de cette femme qu'un long passé de galanterie a meurtrie et déformée. L'art mensonger des fards et des parures fausse aussi le libre jugement des hommes, ignorants des lois de la suprême beauté ; ils « prisent surtout le contact d'anémies qui leur ressemblent ; voilà pourtant la quintessence de la flore féminine de ce temps, c'est la moisson jolie, chauffée par le vice, poussée sur le fumier des misères humaines » (G. Pioch).

La plupart de nos contemporains sont insensibles à la beauté du nu et s'émeuvent uniquement à la vue du « troussé », du « déshabillé » ; leur esprit a besoin de cette excitation sensuelle, et tel qui reste insensible au charme de la jambe d'une Diane ou d'une Junon, tressaille à la vision rapide d'un bas noir parmi des jupes soyeuses.

*
* *

Divers facteurs peuvent orienter la mentalité des hommes vers une appréciation plus exacte, plus saine de la perfection ethnique et logiquement s'impose ici l'étude du rôle des arts libéraux : peinture, sculpture, littérature, théâtre, dans cette œuvre de perfectionnement.

XXIX

DE L'INFLUENCE DU THÉÂTRE

Le théâtre, agissant par la visibilité réelle, devrait compter parmi les causes les plus actives de l'amélioration du jugement esthétique des hommes.

Cependant, le théâtre forme peu le sens esthétique des adolescents. Les actrices, les cantatrices qui, sur les scènes consacrées au grand art, interprètent les œuvres des maîtres de la pensée, ne sont pas *nécessairement* d'une esthétique précieuse. Le talent de diction, l'admirable registre d'une voix, la science précise du geste peuvent se rencontrer chez des femmes dont la beauté imprécise utilise pour son relief l'art trompeur des fards ou le jeu compliqué de la scène.

La recherche de la beauté féminine se manifeste uniquement de nos jours dans les music-halls dont le souci d'art se borne d'ailleurs à cette seule manifestation.

Paul Adam a célébré dans un article original la gloire des music-halls, et la réelle influence qu'exerce sur la mentalité des hommes la vision de corps féminins recherchés pour leur correction. « De superbes filles, dignes du baiser des dieux, viennent, en prologues et en... épilogues, montrer leurs formes à l'assistance, chose infiniment plus esthétique que le charabia débile et les imaginations rabâcheuses de nos dramaturges ordinaires. Peu à peu, des acrobates magnifiques, musclés comme les personnages peints par Michel-Ange, se permettent de vivifier l'ennui des entr'actes. Leurs élans dessinent dans l'air des fresques à personnages admirables. Et cela nous vaut enfin la sensation d'art introuvable dans les dialogues abondamment dispensés par l'impavide trio de la coquette, du trompeur et de la dupe.

« Donc, chaque fois qu'au théâtre un café-concert se substitue, il y a gain pour l'art et perte pour le béotisme. Les apparences d'Otero, de la Cavalieri, de Liane de Pougy, de Jeanne Thylda suscitent en nous d'autres poèmes, et plus littéraires que les élucubrations de tel ou tel. Une foule qui vit, tout un soir, évoluer, devant ses yeux le ballet de Marigny, a gagné plus de goût pour l'art que celle dont un auteur berça la digestion avec l'éternel : « Couchera ! couchera pas ! » de la comédie contemporaine.

« Au nom de l'art supérieur, il faut chérir les cafés-concerts. Ils exemptent nos bourgeois d'entendre les stupidités en quatre actes. Tout un lot de filles travesties en papillons et qui courent, qui s'avancent, qui brillent, qui se dardent, qui s'agenouillent, qui montrent les splendeurs de leurs gorges fardées, qui composent une harmonie de courbes avec leurs gestes, peuvent nous fournir, cinq minutes, la joie prodiguée par un tableau de Botticelli, de Gozzoli, du Titien, de Puvis. Il n'est pas rare que le maître de ballet réussisse un accord de formes et de couleurs semblable à ceux des grands peintres, tandis que, jamais, nos vaudevilles les plus académiques ne peuvent offrir au public des idées analogues à celles d'Eschyle, de Shakespeare, de Gœthe ou d'Ibsen. L'Olympia, les Folies-Bergère, la Scala, le Moulin-Rouge ont exposé depuis quinze ans plus d'œuvres artistiques que n'en montrèrent des théâtres importants. Au moins, la plastique est cultivée dans les music-halls.

Si Cavalieri danse, je songe aux femmes du Vinci; si je regarde Otero, je suis ému par la beauté de ses lignes robustes, par la vigueur du masque brutalement coloré en noir, en rouge, en jaune, comme un portrait de maître. Je ressens la joie mentale que le musée dispense, avec ce qu'ajoute la vie dans un corps savamment paré. J'ai la certitude manifeste de connaître une sensation de beauté plastique très rare.

FIG. 142. — CHARLOTTE CORDAY.
Musée de Versailles.

« Puisse la victoire grandissante du café-concert éclipser peu à peu la royauté de la comédie. Les couplets qu'y dégoisent les cocottes en maillot ne sont pas plus imbéciles que les répliques des grandes coquettes et des amants très parisiens. Ces deux styles se valent par l'idiotie pareille de leurs redites. Du moins, la superbe corporelle de la chanteuse et l'éclat de ses paillons font réfléchir le spectateur aux rythmes des formes pendant qu'il les désire. Cela peuple son cerveau d'images, pour la plupart bien dessinées, de nuances harmonieuses, de gestes statuaires. Du music-hall il sort l'esprit accru. Tel qui fut incapable de comprendre, au Louvre, la magnificence de la *Victoire de Samothrace,* finira par se plaire devant, s'il lui trouve des ressemblances avec l'une ou l'autre des vigoureuses donzelles exhibées dans les lumières électriques. Au contraire, sortant du théâtre, le bonhomme, inapte à s'émerveiller des *Deux Faust*, ne sera jamais persuadé de les relire par le spectacle des *Remplaçantes*, ni même de la *Veine*.

« C'est un bonheur, vous dis-je, que le café-concert chasse des théâtres la comédie rosse ou sceptique de nos faux littérateurs. La plastique des jolies filles vaudra du moins au public, en place de sensations triviales et criminelles, quelques impressions de beauté. A tout prendre, l'enthousiasme pour les formes vivantes des Aphrodites engendra l'intelligence de la Grèce et de Rome, celle de la Renaissance italienne. Admirateurs de Vénus Anadyomène, Solon organisa, Platon pensa, Alexandre transporta dans l'Asie le verbe victorieux d'Aristote, et la civilisation alexandrine naquit du repos de ses stratèges. Courons au music-hall où se cambrent les filles les mieux choisies. Il n'est que les musées illustres pour enfermer des déesses dont les épaules se puissent comparer à celles d'Élise de Vère. Dans les tableaux les plus justement loués, nous chercherions en vain la perfection d'une Yvonne de Rycke ou d'une Pebrel, orgueil légitime des petites scènes favorables à la présentation de la beauté. De telles créatures sont des chefs-d'œuvre, au même titre que ceux de marbre, de bronze, de toile peinte. Elles méritent que l'on prenne, à les voir, l'émotion de pensée dont tressaillent nos fibres si nous rencontrons, dans nos promenades, les nymphes de Jean Goujon et de Houdon, la *Source* de Bartholomé, les *Démoniaques* de Rodin. Autant dire que le café-concert possède la puissance éducatrice du musée.

« Il faut aider sa victoire. Il faut dépouiller l'ironie coutumière à nos propos lorsque nous parlons de ces êtres prestigieux que le destin nous permet d'applaudir quasi nus au milieu de rayons féeriques. Leur art est manifeste ; il consiste à faire de leurs corps ces statues palpitantes et impeccables, grâce aux soins scrupuleux qu'ils leur prodiguent depuis l'adolescence. Hormis les jours exceptionnels de nos deux opéras et de la Comédie-Française, l'art gîte au Music-Hall, et point ailleurs [1]. »

Malheureusement, là encore, l'émoi sexuel masque et détruit le noble travail du cerveau humain s'élevant vers les limites de la sereine beauté; le désir trouble nos sens, l'enseignement esthétique s'en trouve affaibli et faussé d'autant.

Il convient certes de regretter que la littérature spéciale des music-halls s'efforce de maintenir parmi les auditeurs cette mentalité particulière au lieu d'abstraire l'âme du peuple de ces vulgarités et de tenter la pure communion avec l'idéale beauté.

1. P. Adam. *Gloire des Music-Halls.* « Le Journal » (1904).

XXX

DE L'INFLUENCE DE LA LITTÉRATURE

La littérature joue un rôle très effacé dans l'éducation artistique de l'homme. Indépendamment de l'imprécision et de la faible objectivité des descriptions littéraires, le roman prend son intérêt plutôt dans l'intrigue ou l'étude des caractères que dans l'évaluation de l'esthétique des types. L'écrivain s'efforce de décrire d'ailleurs non les régions des corps, mais leurs propres mouvements; il substitue aux yeux et à la bouche le regard et le sourire; il cherche à peindre non la beauté elle-même, mais l'impression que produit la beauté. Homère ne dit rien d'Hélène, sinon qu'elle avait les bras blancs et de beaux cheveux : au lieu de vanter sa perfection ethnique, il décrit l'impression qu'elle produisit sur les vieillards troyens assemblés.

*
* *

L'étude « historique » de la beauté féminine pourrait, à tout prendre, former quelque peu la mentalité des hommes. Comparer les descriptions des beautés célèbres aux images authentiques laissées par leurs contemporains paraît un excellent exercice d'éducation artistique, mais quelques exemples pris entre mille montreront aisément quel faible appoint apporte le « style » dans cette œuvre d'évaluation esthétique.

« Certes, Agnez estoit une des plus belles femmes que je vis ncques, »

s'écrie Olivier de la Marche à propos de l' « amie par amour » du roi Charles VII; les chroniqueurs de l'époque décrivent le « type gracieux et doux », le « galbe particulier aux contours arrondis » de la « belle des belles ». Il faudrait cependant une puissance d'imagination excessive pour réaliser d'après ces indications le type exact d'Agnès Sorel, tel que nous le révèle le délicieux triptyque de l'église de Meaux.

Le portrait de Marie Touchet nous est ainsi défini par les récits du temps :

« Elle avoit le visage rond, les yeux vifs et bien fendus, le front plutôt petit que grand, le nez d'une juste proportion, la bouche petite et le bas du visage admirable. »

Description banale, dont l'imprécision se manifeste nettement à côté du facies exact de la maîtresse de Charles IX. Les portraits littéraires de Diane de Poitiers, de Gabrielle d'Estrées sont également peu descriptifs :

« Diane de Poitiers avait la gorge ample, l'épaule plantureuse; la bouche serrée et rentrante semblait faite non pour le baiser mais pour le secret, l'apparence était celle d'une Junon romaine avec les formes massives d'une patricienne de Venise. » (Paul de Saint-Victor.)

« Gabrielle d'Estrées était blanche et blonde avec des cheveux blonds d'or fin relevés en masse ou mi-crêpés par les bords, le front beau, l'*entr'œil* large et noble, le nez droit et régulier, la bouche petite, souriante et purpurine, la physionomie engageante et tendre avec un charme répandu sur les contours; ses yeux étaient de couleur bleue. »

FIG. 143. — NINON DE LENCLOS.
Musée de Versailles.

Le portrait de Ninon de Lenclos nous est tracé ainsi par Mlle de Scudéry :

« Ninon est de fort belle taille et d'une grandeur agréable, capable de plaire à tout le monde par un certain air libre et naturel qui lui donne bonne grâce. Elle a les cheveux du plus beau châtain qu'on ait jamais vu, le visage rond, le teint vif, la bouche agréable, les lèvres fort incarnates, une petite fosse au menton, les yeux noirs brillants pleins de feu, souriants, la physionomie fine, enjouée, spirituelle. »

Il est à peine utile de faire remarquer combien ces descriptions définissent peu l'expression des visages placés à dessein au voisinage du texte.

Qui pourrait comprendre à l'aide du texte des *Mémoires* de Choisy l'emprise qu'exerça Mlle de La Vallière sur son royal amant :

« Elle avait le teint beau, les cheveux blonds, le sourire agréable, les yeux bleus, le regard si tendre et en même temps si modeste qu'il gagnait le cœur et l'estime. »

Voici venir l'altière Mme de Montespan :

« Des flots de cheveux blonds, des yeux bleus ravissants avec des sourcils plus foncés qui unissaient la vivacité à la langueur, un teint d'une blancheur éblouissante, une de ces figures enfin qui éclairent les lieux où elles paraissent. » (*Mémoires* du duc de Noailles.)

Puis Mlle de Fontange.

« D'une beauté correcte, froide, de statue de marbre. »

Mme de Sévigné nous est ainsi présentée :

« Elle est blonde, mais de ce blond qui n'a rien de fade et qui sied si bien à la beauté... Elle a le tour du visage beau, les yeux bleus et pleins de feu, les joues si aimables qu'elle ne sourit jamais qu'on n'y voie ce qu'on ne saurait exprimer. » (Mlle de Scudéry.)

Mme Maintenon possède...

« Une figure ovale, des cheveux châtains, un teint d'une grande blancheur et même un peu pâle, des sourcils noirs avec de longs cils, des yeux bruns et presque noirs, à la fois brillants et doux, des traits réguliers et fins, une physionomie gracieuse et intelligente. Un port de tête élégant et noble et de très belles épaules en faisaient une personne d'une rare distinction et d'une beauté toute particulière. » (Duc de Noailles.)

Descriptions délicates, récits galants et charmants, qui ne valent cependant pas, comme puissance d'évocation, le moindre croquis d'un « imaigier » de l'époque.

Il y a loin également des jolis pastels de Latour aux portraits *littéraires* de Mme de Pompadour :

« Mme de Pompadour était jolie, gracieuse ; elle était grande, bien faite, les cheveux châtain clair très beaux avec la peau d'une grande finesse » (*Mémoires* du duc de Luynes) ; « sa physionomie était mobile insaisissable » (marquis d'Argenson). « L'expression de son visage variait avec l'état de sa santé, l'heure du jour ; elle paraissait toute autre à la clarté des lustres qu'à la lumière du jour ; bref, elle n'avait point de traits. » (J. Soury.)

Deux ans après son installation à Versailles, elle ne pèse plus que 111 livres, sa gorge n'est plus qu'un souvenir, elle a la mine défaite, l'air malsain, le bas du visage desséché, etc. »

FIG. 144. — Mme DE MAINTENON.
Musée de Versailles.

Poursuivre la citation de ces exemples paraîtrait véritablement superflu. La littérature historique, malgré la possibilité d'appuyer le jugement des critiques sur la visibilité réelle des effigies, se révèle impuissante à objectiver la beauté féminine.

On ne pourrait opposer à ce thème que l'exemple, bien connu, du portrait littéraire de Jeanne d'Aragon par Nifo. La précision des détails, l'heureux choix des termes, semblent laisser apparaître, sur un fond nébuleux, les traits de la plus belle des femmes de la Renaissance italienne. Mais, détail qui enlève à cet argument toute portée générale, Nifo, littérateur, artiste, était également ... médecin de la noble dame, à une époque où le « secret professionnel » pouvait être facilement violé au bénéfice de l'art et de la beauté.

Voici, côte à côte, à titre documentaire, les portraits littéraire et pictural de Jeanne d'Aragon (fig. 145) :

« La stature, de hauteur moyenne, est droite et élégante, et possède cette grâce que donne seule l'assemblage de membres individuellement irréprochables. De complexion elle n'est ni grasse, ni maigre, mais pleine de sève « succulenta »; son teint n'est point pâle, mais blanc, nuancé de rose; ses longs cheveux ont les reflets de l'or, ses oreilles sont petites et en proportion avec la grandeur de la bouche. Ses sourcils, formés de soies courtes, pas trop touffues, dessinent un arc de cercle

FIG. 145. — JEANNE D'ARAGON (RAPHAEL SANZIO).
Musée du Louvre.

parfait. Les yeux bleus « cœsiis », plus brillants que les plus brillantes étoiles, rayonnent.

« Entre les deux sourcils, descend perpendiculairement un nez de dimension moyenne et symétrique ; la petite vallée qui sépare le nez de la lèvre supérieure, est d'une courbe divine ;

la bouche, plutôt petite, entr'ouvre par un doux sourire deux lèvres un peu épanouies, formées de miel et de corail, et qui appellent les baisers plus que l'aimant n'attire et ne retient le fer. Les dents petites, polies comme l'ivoire, sont rangées avec symétrie et son haleine a la saveur des plus doux parfums.

« Sa voix résonne, non comme celle d'une mortelle, mais comme celle d'une déesse; le menton est divisé par une fossette; la rose et la neige colorent ses joues et son visage, dont l'ovale se rapproche, comme chez l'homme, de la forme ronde. Le col droit, allongé, blanc et plein, s'élève avec grâce entre les épaules; sur la poitrine large et dont les plans unis ne laissent apparaître aucun os, s'arrondissent deux seins égaux, d'une dimension convenable, qui exhalent le parfum des fruits de la Perse, auxquels ils ressemblent.

« Les mains potelées ont extérieurement la blancheur de la neige, et, à l'intérieur, la teinte de l'ivoire; elles ont pour juste dimension la hauteur de la face; les doigts pleins et ronds sont allongés et se terminent par un ongle fin, convexe, et d'une couleur suave.

« L'ensemble de la poitrine a la forme d'une poire renversée, mais un peu comprimée, dont le cône est étroit et rond à sa section inférieure, et dont la base se rattache au col par des courbes et des méplats d'une ravissante proportion.

« Le ventre, les flancs et les charmes secrets sont dignes de la poitrine; les hanches sont larges et arrondies; la cuisse, la jambe sont, pour la grosseur, dans la juste proportion sesquialtère. La largeur des épaules est également dans le rapport le plus parfait avec la dimension des autres parties du corps; les pieds, de longueur moyenne, se terminent par des doigts admirablement rangés; enfin, la beauté et l'harmonie de son corps sont telles qu'on peut, sans faire injure à celles-ci, mettre Jeanne au rang des immortelles. »

* * *

En littérature « romanesque », les mêmes efforts descriptifs ont abouti aux mêmes imprécisions, malgré les tentatives des écoles modernes, résolues à délaisser le vocabulaire désuet : « l'ovale parfait du visage », les « yeux en amande ombragés de cils soyeux », les « lèvres purpurines s'entr'ouvrant sur une double rangée de perles », les « nobles fronts pensifs voilés par d'abondantes boucles brunes », etc., dont les romanciers populaires abusèrent longtemps, comme l'attestent ces quelques exemples :

« Elle était ravissante de grâce et de beauté candide ; son grand chapeau jetait son ombre transparente sur son *front divin* encadré des *bandeaux dorés* de sa chevelure blonde et voilait à demi l'éclat de ses grands yeux. Un oblique rayon de soleil éclairait de sa lumière dorée, ses joues *fraîches et pures ;* son nez *délicat* aux narines *roses*, sa bouche *vermeille*, son menton à *fossette*, etc., etc. »

(Eugène Sue, *Les Fils de famille.*)

« Elle avait les yeux noirs, les joues pleines et d'une coupe ovale ; des dents bleues comme la porcelaine tant elles étaient diaphanes et puis des lèvres savoureusement rouges et sensuelles ; un bras et une main de reine orientale, un pied d'enfant. » (A. Dumas, *Olympe de Clèves.*)

« C'est une petite personne brune et pâle, souple, élancée avec de grands yeux bleus pleins de feu, des cheveux noirs en broussaille et des sourcils d'un air superbe. »

(O. Feuillet, *Julia de Trécœur.*)

« ..... De grands yeux noirs, doux, timides et *langoureux* comme des yeux de gazelle, des lèvres qui souriaient, montrant des dents *perlées*, ce teint qui, selon la vieille image, semblait pétri de lys et de roses. »

(M. Uchard, *Mon oncle Barbassou.*)

«..... L'image souriante d'une femme *blonde* au visage *rose* éclairé par le regard de deux yeux *bleu* céleste.

« Sous le capuchon, un bandeau de cheveux *couleur d'or* apparaissait et le loup de velours noir qui lui masquait le haut du visage découvrait hardiment une bouche *rose* entre les lèvres de laquelle étincelaient des dents de *perle*... »

(G. Ohnet, *Volonté*.)

« Brune, la lèvre épaisse, le regard indécis *flottant entre l'audace et l'ingénuité*, la peau dorée, veloutée avec des blancheurs de clair de lune; elle ondulait et balançait sa taille arrondie. »

(De Peyrebrune, *Marco*.)

Évidemment ces portraits féminins manquent de « personnalité » ; l'imagination du lecteur doit certes se révéler puissante pour réaliser, d'après la description ci-dessous, la beauté précise de l'héroïne ainsi définie :

« C'était une splendide personne, *svelte sans maigreur* et dont la tête était *plus belle* que *fine*. Des traits *réguliers* un *peu forts* avec des lèvres *charnues* mais *non épaisses* d'un rose humide et vivant, des yeux d'un bleu rare, d'un bleu violet, très fendus mais un peu à fleur de tête, *comme on les aimait autrefois* (?), des cheveux *brun clair* striés de *brindilles fauves*, surtout vers la nuque et les tempes; bref, une beauté qui eût peut-être été *imposante* et *eût semblé divine* ou *classique* si elle eût eu moins d'éclat et se fût alliée à moins de vie et à moins de santé. »

(H. Rabusson, *Hallali*.)

*
* *

Le visage de la femme a déterminé cependant des recherches plus attentives, des études plus achevées, et les descriptions de beautés féminines sont nombreuses et diverses.

« J'aperçus — épanouissement de la tige du cou — la fleur exotique d'un visage adorable, inattendu, charmant. Des yeux de diamant noir, de joues rondes, un menton fin et la toute petite bouche de cerise brune. Elle souriait et deux fossettes juvéniles se creusaient au bas des joues rondes. »

(M. Prévost, *Le Domino jaune*.)

« Grande et mince, la taille admirable, les extrémités longues, un visage un peu chevalin, qui frappait surtout par le contraste du teint mat et des cheveux bruns luxuriants, paré avec un art consommé, il était impossible qu'elle passât inaperçue. Le visage, malgré la courbe disgracieuse du nez et le menton lourd, exerçait un attrait singulier, grâce à l'extrême pureté du teint, très uni, un peu « *pêche* », un visage qui signifiait et promettait la volupté par les yeux châtains si caressants, par la bouche mobile aux lèvres comme veloutées, par cet air indéfinissable qui troublait les hommes auprès d'elle et irritait les femmes. »

(Marcel Prévost, *La princesse d'Erminge.*)

«... C'était une assez jolie personne, toute mince et très brune avec des cheveux sur le front, un nez un peu retroussé, des dents très blanches que découvrait dans un continuel sourire la lèvre supérieure un peu courte. »

(P. Bourget, *André Cornelis.*)

« .. La ressemblance entre ce visage de femme et celui des Salomé ou des madones familières à Luini était frappante. C'était le même front plein et large, les mêmes grands yeux chargés de paupières, un peu lourdes, le même ovale délicieux du bas des joues terminé sur un menton presque carré la même suave attache des sourcils à la naissance du nez et, sur ces traits charmants, comme une suffusion de volupté, de grâce et de mystère. »

(P. Bourget, *Cruelle Énigme.*)

«... Imposant l'orgueil aquilin de son visage, l'éclat de ses dents, la sombre majesté d'un front que couronnait une chevelure d'un noir bleuté et tout son type de régnante beauté. »

(P. Hervieu, *L'Armature.*)

«... Grande, magnifique, elle était une Junon châtaine d'un châtain à reflets blonds. Quand elle tournait la tête; son profil prenait une pureté grave de statue. Ses yeux gris et ses dents blanches lui éclairaient toute la face. Elle avait un menton rond un peu fort qui lui donnait un air raisonnable et ferme. »

(E. Zola, *Une Page d'amour.*)

« Ses yeux couleur de violette s'étaient encore adoucis, sa bouche s'entr'ouvrait découvrant de petites dents blanches dans l'ovale allongé du visage que les cheveux blonds d'une légèreté de lumière nimbaient d'or. »

(E. Zola, *Le Rêve.*)

La fantaisie de Th. Gautier s'est complu à dresser d'originales et de souples silhouettes féminines.

« Elle est blonde avec des yeux noirs, blanche comme une blonde, colorée comme une brune, quelque chose de rouge et de scintillant dans le sourire. La lèvre un peu large, la prunelle nageant dans un flot d'humide radical; la gorge ronde, petite et en arrêt, les poignets minces, les mains longues et petites, la démarche onduleuse comme une couleuvre sur sa queue, les hanches étoffées et mouvantes, l'épaule large, le derrière du cou couvert de duvet. »

(Th. Gautier, *Mlle de Maupin.*)

Les portraits d'Alphonse Daudet sont toujours délicatement expressifs; chaque mot, ajoute un complément utile à l'idée directrice et les phrases présentent la même orientation vers la tristesse, la gaieté, la douceur...

Voici en quelques lignes un portrait de femme doucement mélancolique.

« ... Ce front court et uni sous la frange des cheveux *abaissés*, ces yeux longs ouverts d'un bleu *profond*, d'un bleu *d'abîme*, cette bouche qui ne cessait de sourire que pour détendre sa forme pure dans une expression lassée et retombante. »

(A. Daudet, *Le Nabab.*)

Puis ici, un type mutin et enjoué.

« Elle avait la tête très petite, ce qui fait paraître les femmes toujours plus grandes, un joli visage duveté comme un fruit mobile souriant illuminé par deux yeux naïfs et clairs et des dents très blanches montrées à tout propos. »

(A. Daudet, *Jack.*)

Chaque littérateur s'efforce de peindre en termes précis les traits de ses héroïnes.

« Du corsage aux tons neutres se détachait un cou svelte, aux inflexions délicates, supportant, comme une hampe fine supporte une belle fleur, une figure d'une originalité attirante. Les cheveux d'un blond roux, retroussés sur le sommet de la tête, de façon à bien dégager la nuque, retombaient en boucles légères au-dessus d'un front étroit et haut, que ces frisons masquaient à demi; les yeux jetaient une flamme fauve sous de minces sourcils, le nez était long et effilé, la bouche relevée aux coins et moqueuse. »

(André Theuriet, *Amour d'automne.*)

« C'était une grande belle personne aux traits fins et réguliers, aux cheveux cendrés, la peau fine, blanche comme la crème, la taille imposante, l'air tranquille et gracieusement superbe. »

(V. Cherbuliez, *Le Secret du précepteur.*)

« On eût dit une beauté du XVIIIe siècle, un buste de Pajon, animé de tout l'esprit d'aujourd'hui, la grâce vivante, le charme intelligent et profond, portant sa beauté avec une sorte de bonne grâce, comme pour se la faire pardonner par ses rivales. »

(Jules Claretie, *Une Femme de proie.*)

« Jeanne était brune, petite. Elle avait la bouche un peu forte, bonne; le nez très fin et deux yeux noirs admirables pour le feu, le reflet, la promptitude.

« Henriette était blonde, souple, grande. Ses yeux d'un vert sombre tantôt recelaient une étrange clarté, une limpidité humide, tantôt se fonçaient gagnant en ténèbres, redoutable indice d'une âme changeante. Le dessin du front, du nez, des lèvres et du menton avait la réaliste pureté des vieux maîtres. »

(Léon Daudet, *Les deux Étreintes.*)

«... Le nez aquilin très fin descendait d'un front bas, envahi par une chevelure crêpelée blond châtain d'une étonnante épaisseur; la lèvre courte découvrait dans un sourire presque constant des dents parfaites enchâssées dans des gencives humides du vermeil le plus vif. Les joues étaient pleines et pâles, les yeux marron clair tirant sur le jaune se dessinaient en longueur, accentués de noir en beaucoup plus foncé.

(Malot, *Mondaine.*)

« Elle avait le teint des recluses, un front haut et arrondi, serré aux tempes, un nez délicat, une bouche scellée par l'habitude du silence, des yeux sans lumière et sans couleur dont le regard semblait tourné en dedans vers le mystère intérieur de l'âme. » — « Debout dans le soleil matinal sur un fond de bruyère et de ciel léger, avec sa robe et son chapeau de même nuance mauve, sa petite martre blonde autour du cou, ses yeux noirs, ses dents claires brillant sous le tulle brodé, Mme Manolé ressemblait à une violette vivante et, comme le paysage, elle sentait le printemps. »

(M. Tynaire, *La Maison du Péché.*)

« Sa chevelure de blonde Velleda avait pris des plis charmants sur son front de nacre ; l'ovale lisse de son visage s'était affiné encore, et ses traits y ressortaient comme ceux d'une délicate et blanche statue. Et toute la ligne de son corps, haut et mince, se modelait divinement. »

(Jean Bertheroy, *Le Mirage.*)

« Son sourire découvrit l'éclat mouillé de ses dents entre ses lèvres *presque trop sinueuses,* trop rouges, des lèvres attirantes *et redoutables ;* lèvres de cruauté, de mépris et de passion. Et brusquement le contraste entre les yeux de songe et la bouche violente, dans ce visage pâle et long, d'une excessive finesse, fit sombrer Pierre dans un vertige indéfinissable. »

(D. Lesueur, *Comédienne.*)

***

Il est aisé de percevoir chez quelques écrivains une recherche confuse, une tendance latente à individualiser le type féminin décrit, à mettre en lumière ses « caractéristiques ».

Cette orientation nouvelle est déjà visible dans les quelques portraits littéraires suivants :

« Elle avait de longs yeux gris, des cheveux et des cils noirs, et une peau qui ressemblait aux pétales d'un gardénia ; les traits étaient réguliers, le nez droit et fin, la bouche petite et bien dessinée, un peu trop rapprochée du nez. »

FIG. 146. — Mme ROSPIGLIOTTI (MARATTA). *Musée du Louvre.*

« ... Blonde comme un cocon de ver à soie, avec des yeux qui avaient l'air en velours marron, un teint rose, un nez retroussé, une bouche drôle — qui riait toujours — et des fossettes, partout, représentant assez exactement le type idéal des femmes du dix-huitième siècle. »

(Gyp, *Pervenche.*)

« La princesse Souliguine n'était pas seulement une savane de cheveux seigle et argent, deux yeux terribles de beauté, d'éclat, d'instabilité et de câlinerie, un corps taillé selon les traditions divines de l'Ionie corrigées par l'inspirateur moderne, mais c'était... aussi... »

(J.-H. Rosny, *La Ruine de Georges Tallières.*)

Une lueur opaline lui courait par les cheveux et en multipliait la flamme. La peau était fine, comme la chair de liseron, à peine semée de quelques rousseurs menues ; les yeux, selon les jeux des cils, passaient de la turquoise au saphir ; la bouche, naïve, sensuelle, s'éclairait d'une lueur de coquillage... »

(J.-H. Rosny, *La Traverse du Fadeux.*)

« Une ondulation brune, les yeux graves et tendres, sous des sourcils qui pourtant se rejoignaient, la bouche belle, le menton précis. »

(L. Muhlfeld, *L'Associée.*)

« Les souffles légers et brusques de l'air remuaient sur son front, plus tard, sur sa nuque, les mousses de cheveux blonds, *d'une tendre et puérile lumière*, d'une soie de caresse. Le nez droit, fin, *vivant*, était d'une personnalité nette, divine ; d'oblique on voyait les yeux *d'un charme si câlin et si gris...* »

(François de Nion, *La Veine.*)

« Une jeune femme *de camélia* sous la douceur pensive de ses bandeaux noirs... Les regards s'attachaient nécessairement à elle tant la *tendresse de son profil*, ses yeux candides et lents, toute la grâce allongée de son corps étaient un plaisir et une rêverie... »

(François de Nion, *Jeux innocents.*)

« Sous la chevelure de soie brillante et noire, le visage au nez menu et légèrement bombé, aux yeux d'or brun, était, de par la bouche vive où les dents claires, un peu avancées, apparaissaient au moindre mouvement des lèvres, façonné, semblait-il, tout exprès pour le sourire.

(L. de Robert, *L'Anneau.*)

« On remarquait l'étrange hauteur de sa physionomie où le nez aux narines relevées en courbes imperceptiblement roses marquait l'impérieux dédain et relevait le front volontaire par un arc admirablement audacieux ; les yeux d'aigue-marine avec des troubles de teintes surprenantes avaient, dans l'imprécis de leurs tonalités mouvantes, des câlineries angoissantes. »

(A. Jacques Ballieu, *Une nuit d'Imperia.*)

« Une petite jeune personne, extraordinairement menue, plate de partout ; son visage mince et long était assombri par ses larges yeux, coupé par un nez passionné, par une bouche close comme un bon porte-monnaie. »

(J. Roanne, *Marie de Garnison.*)

« C'était un jeune visage de candeur et de joie tendre, encore que le trait de la bouche, menue et pâle, recélât quelque mélancolie ; le nez busqué donnait de l'orgueil au profil ; les conques de ses oreilles s'ourlaient délicatement et, sous les cheveux mordorés, arrangés en bandeaux qui effleuraient l'arc des sourcils, des yeux marron, doux et brûlants, racontaient comme un rêve éternellement virginal. C'était un jeune visage candide et de joie tendre. »

(Valentin Mandelstamm, *Suzannah.*)

*
* *

Il convient de placer en première place, parmi les « peintres littéraires » de la femme, Jean Lorrain, dont le talent nuancé sait, en termes précis, caractériser un type défini et différencier littérairement les facies divers des femmes des régions éloignées.

« ...De larges yeux de violette dans la pâleur éblouissante d'un visage mat et charnu comme un pétale de camélia, la mobilité passionnée de deux narines vibrantes et délicates et sous de lourds bandeaux d'un blond fluide, la bouche la plus puérile dans la stupeur un peu figée des lèvres qui s'écartent. »

Voici, de Jean Lorrain, deux descriptions de types septentrional (flamand) et méridional (vénitien) :

« Blanche, grasse, d'un blond de lin qui ne s'allumait pas aux lumières et d'une carnation si fraîche qu'elle en semblait humide » (type flamand).

« Un visage étroit et long, deux larges prunelles de clarté sous un front de lumière, la gracilité d'une nuque délicate, une nuque jaillie comme une tige hors des plis d'un pauvre petit châle noir » (type vénitien).

On pourrait citer ici les portaits suivants de P. Bourget

où l'écrivain a tenté de préciser également les caractéristiques ethniques de la beauté féminine :

(Type espagnol) : «... Elle avait une bouche et un nez comme façonnés à la pointe du ciseau le plus délicat, tant ils étaient fins ; des yeux bruns d'une douceur spirituelle et un ovale qui n'eût pas été assez long si le sourire ne l'eût corrigé... »

(P. Bourget, *Profils perdus.*)

(Type russe). : «... Une figure longue, des cheveux crêpelés, des yeux brûlants et, répandue sur tout ce visage, une expression absorbée, une sorte de torpeur ardente... »

(P. Bourget, *Trois Souvenirs.*)

Mais de tels exemples de précision ethnique et artistique sont excessivement rares parmi la littérature contemporaine.

*
* *

Sentant confusément l'inutilité de longues descriptions, les « jeunes écoles » littéraires s'efforcèrent alors de synthétiser en de rares phrases l' « esprit » de la beauté féminine envisagée.

Dresser à l'aide de quelques mots une silhouette féminine aussi précise et caractéristique qu'un croquis de Forain, un crayon de Léandre, une charge de Caran d'Ache devait certes séduire et tenter d'ingénieux écrivains soucieux de la « géométrique » de la phrase autant que du sens des mots, et les essais en cette voie sont curieux à noter.

« C'était une Juive grande et maigre avec des yeux marrons et des cheveux fauves. »

(Félicien Champsaur, *Dinah Samuel.*)

« ...Elle avait un joli profil aristocratique un peu maigre et la cuisse longue... »

déclare simplement Saint-Marcet.

(*Vie parisienne.*)

Jean Bertheroy note uniquement :

« La fragilité blonde de Laure de Sulbiac, sa taille souple, ses yeux profonds... »

Willy, décrivant la physionomie songeuse de Minne, parle de

« ... ses yeux marrons, sa bouche mobile dont les coins nerveux remuent sans cesse. Son cou mince plie au-dessus d'un grand col pèlerine. Elle a la peau si claire, les cheveux si fins, qu'on ne voit pas d'abord où finissent ses tempes. »

(Willy, *Minne.*)

*
* *

Puis, nouvelle évolution. Le dessin satirique se transforme, abandonne l'analyse du geste, du visage, pour l'exagération et la mise en vedette de la tare imperceptible.

A l'école des Sem, des Capiello, des de Losques, la caricature devient « tératologique ». Tout se résume dans la découverte et la figuration de la difformité physique exagérée, amplifiée et placée en valeur par son parfait achèvement au milieu de traits volontairement imprécis, ou même inexactement reproduits ; voyez les mains des personnages de Sem.

Parallèlement la littérature suit cette orientation. Plus de descriptions pénibles et studieuses, où l'auteur tâchait de laisser percevoir la psychologie du modèle, mais simplement la description d'une particularité du visage, de quelque trait violent, difforme, autrement révélateur de l'âme féminine.

De là, de curieuses tentatives parmi lesquelles on peut citer comme caractéristique le portrait littéraire suivant :

« Œil si large ouvert que la racine du nez semblait n'interrompre point la bande de lumière bleuâtre, quelques points noirs dans la boucle de la narine, le commencement de la bouche tracée par une raie absolument précise en pleine fossette; la barre qui indique : « Ici, ici seulement commencent les baisers ». Deux sillons infiniment doux enfouis vers le cou, trois cordelettes de cheveux, malgré les ordres continuellement balancés contre l'oreille... »

(Olivier Diraison-Seylor, *Mon Chéri.*)

*
* *

L'impuissance objective des portraits littéraires se révèle par la multiplicité des moyens mis en œuvre.

A un même portrait littéraire, les divers lecteurs feront correspondre le souvenir des femmes « qui leur furent clémentes » et Sterne se révèle un délicat philosophe lorsque, voulant décrire le portrait de la veuve Wadman, il fait précéder une page blanche de ces quelques mots :

« Voici une plume, de l'encre et du papier, asseyez-vous, Monsieur, et peignez-la à votre fantaisie; comme votre maîtresse si vous pouvez et non comme votre femme, si votre conscience vous le permet. »

(Sterne, *Tristram-Shandy.*)

*
* *

S'il s'agit de la description du corps féminin, la même imprécision se révèle plus flagrante encore par suite des difficultés d'interprétation des caractères de beauté des différentes régions du corps et de la nécessité où se trouvent les auteurs de parler du modèle « habillé »; le couturier s'interpose ainsi entre le lecteur et l'écrivain.

En dehors du portrait classique de Manette Salomon des Goncourt, bien peu d'écrivains ont tenté ce délicat problème et les quelques essais littéraires notés ici sont d'une faible argumentation.

« Elle était grande sans être fluette, le cou et les épaules, toujours d'une grâce fière, la gorge ronde, la taille souple et gaie, saine... une beauté rare, d'un charme infini, où fleurissaient la chair innocente et l'âme chaste.

(E. Zola.)

«... Le cou était vigoureux, les épaules larges avec tous les signes d'une race fine et forte, une taille mince, des mains et des pieds d'enfant ».

(P. Bourget.)

Paul Hervieu note simplement :

« ... les hanches rondes, les reins cambrés, la gorge de déesse de Mme d'Exireul. »

(P. Hervieu, *L'Armature.*)

Malot cite uniquement :

« Les épaules larges, les seins développés, la ceinture étroite de Mme de X... »

(H. Malot, *Mondaine.*)

Quelques auteurs précisent cependant le charme du corps féminin.

« Sa toilette moulait toute sa personne souple, élancée, laissait concevoir les courbes charmeuses du torse et des hanches avec la pente douce, merveille de sinuosité, qui amène, ainsi qu'à l'improviste, à cette commissure unique chez la femme, le baiser des genoux ; un rien d'échancrure du corsage découvrait le col qu'elle avait fort beau, rond et plein, permettant de rêver, ainsi que sous une hantise, aux promesses houleuses de la gorge. »

(A. Jacques Bailleu, *Pierline.*)

Maurice Maindron, Jean Lorrain, en artistes passionnés de jolies courbes, de dessins harmonieux, s'essaient à ces descriptions sculpturales et ont l'adresse de dénuder partiellement ou totalement leurs modèles.

«... Du corsage dégrafé le galbe de son cou plein, cerclé d'un léger pli, continuait le modelé gras de ses épaules ; la gorge découverte écartait l'étoffe de ses rondeurs fermes qui dressaient vers le miroir les deux taches vives de leurs pointes. Les épaules, la naissance du dos, apparaissaient comme un buste d'ivoire, doucement coloré d'un léger vermillon atténué et pâli par le temps. »

(M. Maindron, *Saint-Cendre.*)

« De la cambrure des reins frottée de rose aux frisons d'or roux de la nuque, jamais je n'avais encore vu une pareille splendeur de nudité. Les bouts des seins crêtés et droits, les talons comme vermillonnés, les ongles des orteils et jusqu'à la fleur ambrée du nombril, tout brillait dans cette créature d'un éclat humide et nacré de coquillage. Comme une lumière émanait de cette chair de pêche et de fleur... »

(Jean Lorrain, *La Conquête de Paris.*)

Ces citations ne se poursuivraient pas sans ennui ou sans monotonie; nettement se révèle l'impuissance objective des descriptions littéraires, qu'il s'agisse du visage ou du corps féminin.

La littérature est, en définitive, d'un secours précaire ou insuffisant dans l'éducation artistique de l'homme.

XXXI

DE L'INFLUENCE DES BEAUX ARTS

Examinons maintenant l'influence exercée par l'éducation artistique et admettons un instant que les conditions mêmes de la vie sociale laissent à l'homme la possibilité d'étudier et de comprendre la beauté féminine telle que la révèle et la glorifie la statuaire antique. Cette base de jugement pourra elle-même fausser son appréciation et son jugement.

Le costume féminin, le corset, les chaussures notamment ont exercé sur l'anatomie du corps une action déformatrice indéniable; nous ne pouvons appliquer à la détermination de la perfection esthétique des femmes actuelles les critères empruntés à l'art antique où la femme se dresse dans sa nudité naturelle et primitive.

La *Vénus* de Milo semble un modèle achevé; habillée à la mode actuelle, son facies paraîtrait lourd et disgracieux, les vêtements modernes épaississant encore sa taille; les règles professées par la statuaire grecque condamnent une femme au torse mince, alors que ce modelé passe, de nos jours, pour une qualité fort rare.

Les normes d'appréciation empruntées à l'art antique ne sont donc plus en rapport avec les conditions actuelles de l'esthétique moderne.

*
* *

Un autre motif enlève aux types de la statuaire grecque le caractère d'« étalon » qu'ils sembleraient posséder; non seulement le but que devait remplir l'œuvre d'art, mais encore la place qui lui était réservée forçait l'artiste à transgresser les lois et les proportions naturelles. Placée sur un socle élevé, une figure aux proportions normales paraît courte et épaisse; le sculpteur devait donc s'écarter de la nature et accroître sensiblement la longueur du corps au delà des limites ordinaires; l'Aphrodite Diadumène de l'Esquilin nous en offre un précieux exemple.

Si la statue était destinée à être vue de face, l'artiste devait diminuer les parties saillantes, exagérer les régions en retrait. Le lieu d'érection de l'œuvre : temple, place publique, etc., influait également sur l'anatomie générale.

Notre jugement, basé sur l'examen de ces types, peut donc se trouver faussé *par suite de notre ignorance des modifications apportées volontairement* dans l'esthétique du corps féminin que nous admirons parmi les musées dans des situations toutes différentes de celles qui avaient déterminé ces déformations conscientes et voulues.

*
* *

L'Art de la Renaissance offre à notre admiration des modèles également célèbres, mais la source à laquelle puisaient les anciens était tarie pour toujours : la vue journalière du nu sous ses formes multiples et l'éducation artistique de l'œil qui en résultait.

Ces conditions nouvelles ne permettaient pas toujours aux artistes de trouver des modèles d'une beauté irréprochable; l'individualité du peintre en s'affirmant le déterminait à suivre ses goûts personnels et à s'éloigner parfois sensiblement de la perfection esthétique.

L'exemple le plus typique est celui du célèbre tableau de Botticelli, la *Naissance de Vénus*, qui a suscité une admiration sans bornes. La déesse représente l'exact portrait de la belle Simonetta Catanea, la maîtresse de Jules de Médicis, qui mourut phtisique en 1476, à l'âge de 23 ans (fig. 147).

Botticelli a donc fait d'un type de belle phtisique son idéal; ses élèves, ses imitateurs ont suivi ses traces et créé ainsi des types ethniques éloignés de la pure beauté. De pareils faits se rencontrent encore à notre époque; Burne Jones offre dans ses esquisses des individus bien portants qui dans ses tableaux deviennent plus ou moins tuberculeux (Dr Stratz).

On pourrait également citer parmi les artistes modernes des peintres dont les œuvres réunies constitueraient un hôpital des mieux montés, soit que ces artistes n'aient eu à leur disposition que des modèles défectueux, soit que ces défauts leur aient échappé. Nous avons déjà fait remarquer que les modèles appartiennent aux classes sociales peu privilégiées, où les dures conditions de l'existence, l'hérédité des tares, l'alimentation insuffisante favorisent les incorrections de l'anatomie générale : « quelque mendiante hors d'âge raccolée aux portes d'une église; quelque commissionnaire condamné à la retraite par les rhumatismes, le jeune éphèbe arraché à la loge d'un concierge voisin »[1], et les petites colonies italiennes acclimatées insuffisamment et hâtivement à notre climat constituent les seuls modèles dont disposent nos Académies.

Il n'est pas jusqu'aux écoles ultra-modernes qui, sous prétexte de « *réalisme* », d' « *impressionisme* », n'aient

1. Léon de Tinseau. *La Chesnardière*.

érigé le triomphe de la laideur en dogme intangible.

*
* *

Les reproductions artistiques, les photographies consacrées au « nu féminin » sont pour la plupart d'une imperfection flagrante.

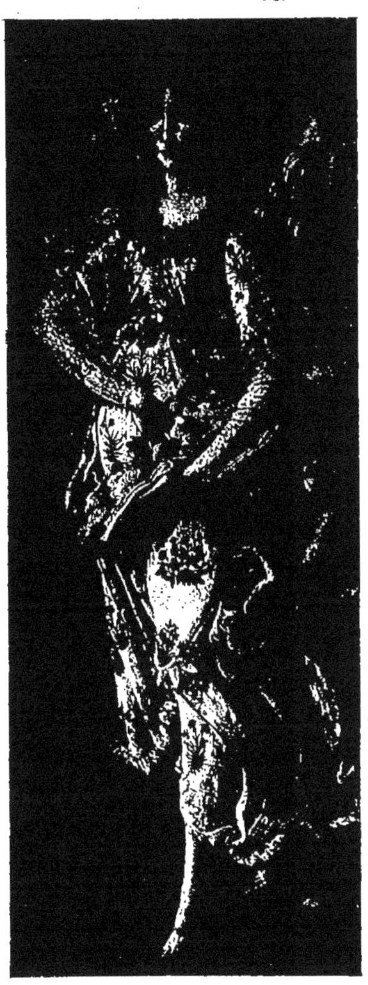

FIG. 147. — LA BELLE SIMONETTA CATANEA
d'après une fresque de Botticelli.
Musée de Florence.

Parmi les 100 photographies du célèbre « Act » de Rietti, pas un seul de ces modèles d'artistes n'offre un corps normal, pas un seul non plus dans les 50 études de Koch. Dans la collection des modèles d'enfants publiée par Max Peiser, il ne se trouve qu'une fillette dont la figure soit normale (Dr Stratz). Nous laissons de côté toutes les publications — malheureusement trop nombreuses — où le soi-disant souci de l'Art ne sert de prétexte qu'à des présentations de nudités offensantes où l'attitude mal choisie, le mauvais goût du décor ne sont égalés que par l'incorrection du modèle.

« Il semble difficile de purger la librairie des publications qui la déshonorent, notamment des albums dont le cabinet de toilette et les dessous de la femme font les frais, sous le couvert d'une esthétique de potache excité.

« Nous avons vu débiter cette licence par la reproduction des tableaux du Salon qu'affectionnait la Muse d'Armand Silvestre.

« Mais ce n'était là qu'un insuffisant filon. Les éditeurs en trouvèrent d'autres à exploiter. Le nu se généralisa, puissamment aidé, dans sa diffusion, par la photographie. Des modèles complaisants, recrutés Dieu sait où, nous firent passer sans transition du musée au musée secret, du nu au Salon au nu au boudoir — et ailleurs.

« Maintenant, ces albums foisonnent. Ils ont presque tous la prétention d'initier l'amateur aux charmes de la Parisienne. Pauvre Parisienne, que d'obscénités on commet en ton nom ! Et avec quel stupide empressement on te déshabille, toi, qui es si jolie habillée !

« Une fois que je révoquais en doute le succès de ces publications croustilleuses et que je disais au libraire : « Par qui diable peuvent-elles bien être achetées ? »

« — Par les étrangers, me répondit-il. C'est d'après cela qu'ils se font une idée de la Parisienne.

« Observation corroborant celle qu'un professeur aux États-Unis, M. Caty Eaton, a émise dans une revue américaine, où il écrit : « La corruption des mœurs n'est, en France, qu'à la surface. Encore ne la trouve-t-on guère qu'à Paris où elle est fabriquée et débitée pour la consommation des étrangers et pour éviter qu'ils ne soient désappointés. »

« On ne répétera jamais assez que nous nous calomnions bêtement pour soutenir une réputation que les voyageurs nous ont faite. Il n'y a pas plus de corruption dans nos mœurs qu'il n'y en a dans celles des habitants de Londres, de Vienne ou de Berlin. Au fond, peut-être y en a-t-il plutôt moins. Nous remplaçons l'hypocrisie par la fanfaronnade. Nous endossons tous les invendus de Bruxelles. Nous écoulons les cartes postales que nous envoient la Belgique et l'Allemagne, aux Belges, aux Allemands et aux Américains, qui ne les achèteraient pas dans leur pays.

« Pendant vingt-cinq ans, notre théâtre et notre littérature ont vécu sur l'adultère, comme si l'adultère était une marque nationale défiant la concurrence.

« Au fond, notre roman « de mœurs parisiennes » donne de ces mœurs une idée aussi fausse que les albums sortis des alcôves de photographes en garni. Ça, la vie de Paris, ça, la beauté de la Parisienne ! C'est se moquer du monde..., du Nouveau-Monde, si vous aimez mieux. Tant pis pour les Américains s'ils emportent de nous une opinion fondée sur les épluchures ramassées à quelques devantures? Nous valons mieux que cela et il suffit que nous en ayons conscience [1]. »

*
* *

On a parlé souvent du rôle éducateur de la « rue » et des efforts généreux sont tentés actuellement pour agir par la visibilité réelle et coutumière des monuments et des œuvres d'art sur l'esprit des foules. Au point de vue particulier de la beauté féminine, cette action demeure bien rudimentaire; la mentalité du Parisien se modèle de fâcheuse manière lorsqu'il a contemplé le long du boulevard Saint-Germain les effigies des Dolet, des Broca, des Danton, des Claude Chappe.

Les statues des politiciens encombrent nos carrefours, déshonorent l'ordonnance de nos places et le style de nos édifices; l'érection de la Vénus de Médicis ou de tel autre

1. L. Descaves. *Ligue et Digue* (*le Journal*, mars 1905).

chef-d'œuvre conviendrait mieux à l' « amélioration mentale des peuples » que la perpétuation dans l'avenir du geste immobilisé d'un tribun dressé dans les plis rigides de sa redingote.

Le projet récemment formulé de dresser en une place de Paris le *Penseur* de Rodin est un progrès sensible dans cette voie; encore que cette œuvre soit d'un esprit trop abstrait pour le peuple et que la dénomination de cette formidable brute au front déprimé, rebelle à l'effort cérébral, semble une ironie quelque peu déconcertante.

*
* *

Il faut mettre ici en relief l'art intéressant et moderne de l'affiche. Incontestablement les visions artistiques des légers et clairs dessins qui masquent la laideur de nos murs influent sur le concept artistique des masses et il sied de louer les Cheret, les Mucha, les Abel Faivre, les Hugo d'Alesi d'avoir consenti à illustrer de leur talent cet art modeste et mercantile qui sut jusqu'à ce jour garder sa belle tenue. L'orientation commerciale de ces tentatives nuit malheureusement à leur influence; l'affiche peut servir tout au plus à préparer le terrain, il faut la semence d'art indispensable.

*
* *

L'étude de l'art antique ou moderne dans le musée, dans la rue ne saurait donc constituer un programme et une base d'appréciation rigide et sûre dans la recherche de la beauté physique.

Le seul livre magique où l'homme doit puiser la claire notion de la beauté est la bienveillante nature qui présente à ses yeux, clos par la routine ou l'indifférence, les modèles achevés de l'esthétique féminine.

*
* *

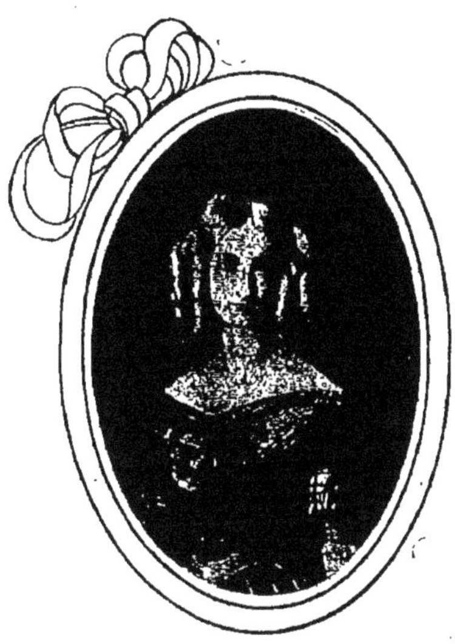

FIG. 148. — LA DUCHESSE D'AUMALE.
d'après Winterhalter.

Albert Durer proclamait déjà, au début du XVIe siècle : « Étudie soigneusement la nature, suis-la toujours; ne t'en écarte point, mû par la sotte prétention de découvrir tout seul la beauté, car tu ferais fausse route. L'art, en effet, se cache dans la nature, il appartient à celui qui sait l'y trouver. »

Le meilleur maître dans l'éducation artistique de l'homme est donc la nature; il faut que l'homme regarde d'abord, apprécie ensuite et conclue finalement en se plaçant en dehors des contingences qui pourraient influencer son libre arbitre, l'amour ou plutôt sa plus basse expression, le désir sexuel.

L'œil de l'examinateur devra contempler le corps féminin avec le même calme recueilli, la même admiration attentive qu'il manifeste pour apprécier au passage l'élégance d'un beau cheval.

Les Français sont particulièrement éloignés de cette mentalité, par suite de l'exagération de leur défaut national : la galanterie. Il est peu de jeunes gens qui ne se croient obligés de « désirer » avec une curieuse sincérité la femme qu'on leur présente, et de régler leur conduite, leur propos, leurs jugements sur ce désir; la galanterie telle que nous l'entendons est donc redoutable aux femmes et retarde l'heure où elles seront mieux jugées et plus heureuses.

*
* *

En dehors de la rareté des occasions où l'homme peut examiner la beauté de la femme dans son éclatante nudité, d'autres circonstances particulières interviennent pour entourer cette appréciation d'influences perturbatrices.

Lorsque l'homme est parvenu à s'affranchir du joug de l'instinct sexuel, c'est parfois la femme qui tout ingénument se place dans les conditions les plus défavorables à l'appréciation de la rectitude de ses formes.

Peu de femmes, même parmi les plus élégantes, savent poser leur nu, et cette circonstance particulière vient accroître encore les difficultés de l'estimation de la beauté féminine. « Se mouvoir sans voile aucun ou devant sa psyché est l'épreuve la plus délicate pour une femme et aussi la plus concluante pour sa beauté. Ne pas être gauche en cet état, montrer au contraire de la grâce ou de la fierté dans l'attitude, du moelleux ou de la force dans le geste, donner à la chair qui vibre ou qui se détend toutes les expressions à la fois passionnelles et artistiques dont elle est capable, faire en un mot parler le nu, sont des choses que savent d'instinct les véritables amoureuses et que les plus belles d'entre les femmes doivent apprendre comme un complément nécessaire de leur coquetterie (M. Barrière).

En dehors de la gaucherie et de l'inélégance personnelles, c'est surtout la pudeur qui vient entraver le libre épanouissement de la beauté féminine.

XXXII

DE LA PUDEUR

On a longuement discuté sur l'origine et l'opportunité de ce sentiment essentiellement féminin. N'est-elle chez la femme qu'une coquetterie bien entendue? (J.-J. Rousseau.) N'est-ce qu'une chimère sociale, ce sentiment cédant devant la maladie et devant la misère? (Diderot.) N'est-elle que la notion de la libre disposition du corps, comme on pourrait le penser en songeant que la moitié des femmes de la terre vont presque nues? (Balzac.)

A mon sens, la pudeur de la femme n'est qu'un correctif, un obstacle opposé à l'impudeur des hommes.

Le geste de l'amour est devenu immoral lorsque l'homme a transgressé les lois naturelles dans leur fréquence et dans leur esprit. Les voiles dont la civilisation a couvert son corps, les armes avec lesquelles la religion l'a protégé, en faisant de la luxure un péché, ne suffisant plus à sa sauvegarde, la femme s'est réfugiée dans le secret sanctuaire de la pudeur.

Chez les peuples primitifs où les rapprochements sexuels ont gardé leur caractère d'auguste grandeur et de nécessité divine, la pudeur n'existe pas, parce qu'inutile. Ce n'est qu'après la faute qu'Ève s'est sentie nue devant les regards de Dieu.

Il est en effet impossible de concevoir pourquoi la

femme aurait honte de la beauté de son corps qui peut n'exalter que sa fierté et son orgueil.

C'est sans contredit l'impudeur des hommes qui a donné naissance à la pudeur des femmes ; les amants ignorent la pudeur, l'amour divin élevant leurs âmes au-dessus du vice humain.

Une femme consent bien plus facilement à livrer son corps à l'amour qu'aux regards de l'homme, parce qu'elle sait n'avoir rien à craindre de ce don généreux de sa beauté ; souvent c'est l'amour qui pousse la femme à exposer son corps aux yeux de l'artiste qu'elle aime.

L'atténuation de la pudeur féminine résultera donc de la moralisation de l'esprit de l'homme.

*
* *

La pudeur, plutôt qu'un sentiment personnel, est, à proprement parler, le reflet de l'impression ressentie par le comparse, cause de cet émoi.

La pudeur ne prend pas son origine chez la femme elle-même, mais réalise une sorte de « choc en retour » dont le déclic est mis en œuvre par la cause étrangère.

Une jeune fille d'éducation parfaite montre sans crainte ses épaules, ses bras et ses jambes à ses jeunes voisins de plage, tandis qu'elle se trouble à la pensée qu'un importun pourrait apercevoir la naissance de son cou au moment précis où elle se rhabille ; elle sait fort bien que la vision de son corps au moment du bain ne suggère aucune des pensées troubles et malsaines qui émeuvent l'homme à la vue de son déshabillé.

La pudeur est donc un sentiment relatif dont la force, l'opportunité, l'utilité dépendent de la mentalité et de la moralité mêmes des caractères en présence.

*
* *

La femme a l'intuitive notion du respect que portent à sa beauté ses admirateurs occasionnels ; un modèle dressé dans sa nudité parmi une nombreuse réunion d'artistes n'éprouve aucune gêne, aucun trouble ; le peintre, le sculpteur ne voient dans le corps féminin que le « poème écrit par Dieu inspiré dans le grand album de la nature ». (Heine.) Le culte rendu à la beauté par les hommes présents rend la pudeur inopportune ; mais qu'un regard étranger, animé de troubles desseins, de curiosités malsaines, se pose un instant seulement sur le corps du modèle, la femme éprouve immédiatement la sensation de sa faiblesse et de sa nudité.

« Le modèle qui va se livrer au regard des hommes a les rougeurs de l'instinct tant que son talon ne mord pas le piédestal qui fait de la femme, dès qu'elle s'y dresse, une statue vivante, immobile et froide, dont le sexe n'est plus rien qu'une forme.

« La séance finie, la femme reparaît et se retrouve à mesure qu'elle se rhabille ; on dirait qu'elle remet sa pudeur en remettant sa chemise. »

L'anecdote citée par les Goncourt d'un modèle féminin se troublant tout à coup, et montrant avec terreur un ouvrier qui du toit voisin la contemplait, résume en elle-même tout l'esprit philosophique de cette controverse.

La pudeur féminine, qu'il faut bien considérer comme un obstacle à la libre et exacte connaissance de la beauté de la femme, s'atténuera du jour où l'impudeur des hommes disparaîtra, c'est-à-dire lorsque l'esprit humain, délivré des basses attaches de l'animalité, verra dans la femme, non plus une source de plaisirs, mais une œuvre divine, et la considérera avec recueillement et admiration comme un objet d'art, et non avec un intérêt purement bestial.

XXXIII

DE L'APPRÉCIATION EXACTE ET DÉSINTÉRESSÉE DE LA BEAUTÉ AU POINT DE VUE INDIVIDUEL ET SOCIAL.

La seule difficulté d'application de ces procédés d'évaluation précise de la plastique féminine réside dans les modifications apportées par les proportions du corps féminin, par l'art du vêtement qui dissimule ou masque les formes véritables.

Une éducation préalable et une certaine finesse de jugement, sont évidemment nécessaires pour distinguer chez quelles femmes l'élégance extérieure vient de la nature et chez quelles autres elle n'est qu'un artifice, un « charme forgé, postiche ou de convention ».

La nécessité, établie plus haut, de tenir compte dans l'appréciation de la perfection des formes féminines des modifications attribuables au vêtement moderne, ne peut néanmoins justifier suffisamment l'erreur dans laquelle tombent certains hommes, de n'apprécier chez la femme que le luxe de sa toilette ou plutôt cette beauté truquée que l'on nomme le chic — expression affreusement banale dont l'usage viole les pures lois de l'immuable esthétique et fait même qu'aux yeux de la multitude, dont le jugement est ainsi faussé, une créature vraiment laide parvient à passer pour belle.

C'est un défaut de goût assez fréquent à notre époque

que d'apprécier selon les apparences, obtenues par l'habileté du couturier. Certains hommes aiment mieux, *à priori*, chiffonner une jupe de velours qu'une jupe de toile et « faire tomber d'une tête des perles et des plumes que des fleurs naturelles et un simple nœud ; la doublure de la jupe de velours est souvent aussi appétissante que la doublure de toile, mais ils préfèrent le velours » (Th. Gautier). Pour la majorité de nos contemporains, il n'est point de formes désirables, sans la richesse de l'enveloppe et le modèle d'une jambe quelconque est toujours beau pourvu qu'il soit aperçu sous de la soie (M. Barrière).

De telles exagérations ne révèlent que l'ignorance des juges ; l'homme doit tirer de l'examen de la femme habillée non une sensation voluptueuse, résultant de l'élégance du vêtement, de l'harmonie de la couleur, mais la divination savante de la beauté nue. Il est incontestable que de telles « transpositions » supposent une connaissance précise de la beauté féminine et des transformations que lui impose le vêtement moderne. C'est dans ce but que nous nous sommes efforcés de dévoiler à côté des caractères de perfection esthétique de chaque région du corps féminin les indices de cette beauté visibles sous la livrée du costume.

*
* *

Incidemment nous pouvons faire cette remarque que les femmes sont elles-mêmes impuissantes pour la plupart à estimer avec justesse la beauté féminine, qu'il s'agisse d'elles-mêmes ou de leurs rivales.

Il n'est pas rare de voir des femmes offrir avec un orgueil inconsidéré à l'indifférence des passants des formes d'une impression fâcheuse, et d'autres ignorer totalement leur valeur esthétique.

Le Dr Stratz cite parmi les modèles les plus parfaits qu'il ait pu voir une jeune Hollandaise âgée de seize ans. Avec un teint d'une éclatante blancheur, des yeux bleus, des cheveux d'un blond doré et ardent, de belles et saines couleurs aux joues, cette jeune fille présentait une conformation particulièrement fine, des articulations et des proportions rigoureusement normales; la forme des mains et des pieds était d'une beauté exceptionnelle.

Tous les gestes de cette femme étaient empreints du naturel le plus parfait, de la grâce la plus exquise. « Elle consentit à se laisser photographier; mais, malheureusement, l'épreuve ayant été manquée, elle refusa de poser une seconde fois devant l'appareil et même — inconsciente de sa beauté — elle ne revint plus chez l'artiste parce qu'elle avait trouvé à se placer comme domestique dans des conditions plus avantageuses. Le tableau commencé d'après ce modèle parfait — une Psyché endormie — ne fut donc pas terminé; cette déesse ayant préféré veiller sur des marmites que de monter dans l'Olympe, ne fût-ce qu'en effigie. »

*
* *

Malgré ces obstacles divers à la libre et exacte connaissance de la beauté féminine, l'homme par une application volontaire peut atteindre à la juste et saine appréciation de la perfection ethnique du corps féminin.

A cette recherche individuelle de la beauté pourrait d'ailleurs s'associer l'action des collectivités, État, groupement d'artistes, associations philanthropiques, etc.

Le patrimoine esthétique d'une nation est aussi précieux à conserver que son passé et ses traditions; si la beauté d'un peuple fait partie de sa richesse même, la notion et la recherche de la perfection ethnique constituent une force morale évidente. Une race est en décadence lorsqu'elle a perdu son idéal physique.

Il existe déjà une « Société pour la protection des paysages de France » ; rien ne s'opposerait à la sauvegarde de la Beauté française par un groupement d'esprits élevés.

Le plan d'action d'un tel effort se définirait aisément : Choisir parmi les diverses classes de la société les types ethniques purs, en s'efforçant de sélectionner vers le facies naturel ; placer ces êtres de race pure et d'esthétique supérieure dans les conditions sociales favorables à leur parfait épanouissement, en associant à une hygiène précise un travail sain et moralisateur ; unir les « étalons de choix » ainsi distingués en appareillant les couples, les doter généreusement pour que le processus vital demeure « sain » et aider à la perpétuation de cette noble ligne par des primes croissant avec le nombre d'enfants procréés.

Des mesures semblables concilieraient à la fois, dans un même effort vers l'idéal, l'art, l'hygiène, la repopulation et la morale, puisqu'on écarterait ainsi de la galanterie et du vice les types ethniques purs que leur supériorité évidente incite à ces fâcheuses déterminations.

*
* *

L'examen de la beauté dans la nature, c'est-à-dire l'admiration raisonnée, judicieuse et consciente du corps féminin, l'appréciation exacte, *désintéressée*, de cette perfection esthétique alliée à une « moralisation » manifeste de l'esprit humain permettront seuls de placer en lumière la correction des formes impeccables dans leur harmonie générale ou leur perfection individuelle. Ce culte rendu à la beauté favorisera le jeu d'une *sélection sociale*, et ainsi pourront se réaliser avec succès ces tentatives de reconstitution des types harmoniques que créa la nature pour la gloire du Créateur et le bonheur des mortels.

L'objet même de cette recherche, la femme, ne doit pas se désintéresser de ce mouvement; consciente de sa valeur esthétique, elle doit en aider le perfectionnement pour la sauvegarde des intérêts supérieurs de la race. Lorsque la femme perd la notion de sa beauté et se néglige au point de valoir « humblement par l'intelligence », on peut affirmer que la société qu'elle résume est la proie de fièvres latentes qui la consument de lumières et de progrès... et que la décadence est proche.

La Belle-Étoile (Alfort).
Novembre 1903 — Janvier 1905.

TABLE DES MATIÈRES

Typographie Firmin-Didot et Cie. — Mesnil (Eure).

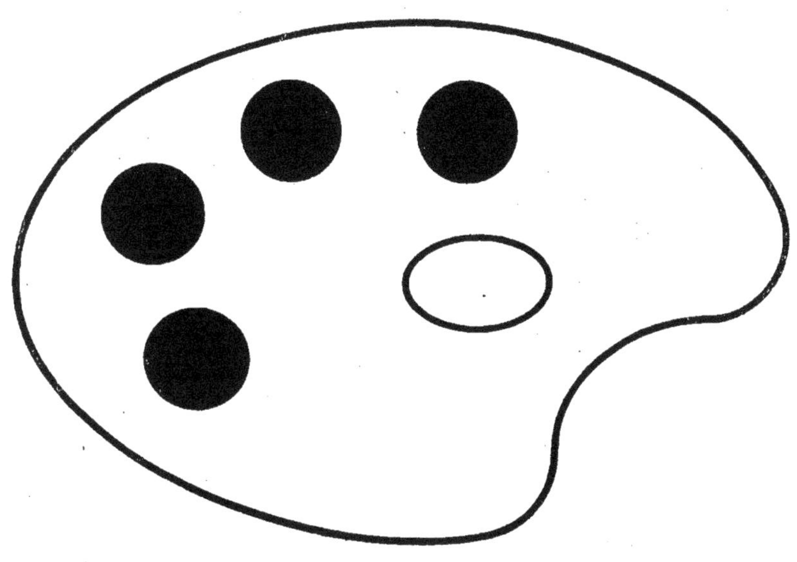

Original en couleur
NF Z 43-120-8

A
B

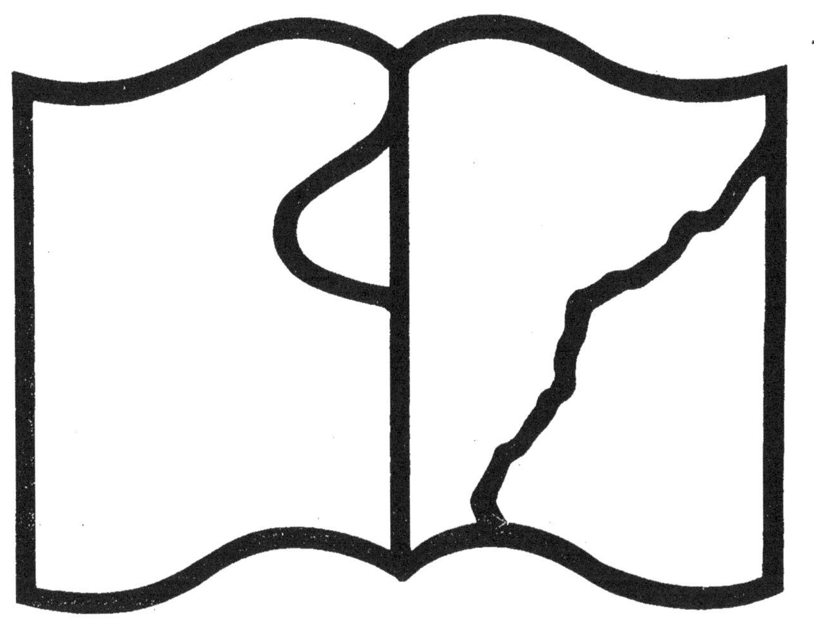

Texte détérioré — reliure défectueuse

NF Z 43-120-11

www.ingramcontent.com/pod-product-compliance
Ingram Content Group UK Ltd.
Pitfield, Milton Keynes, MK11 3LW, UK
UKHW012155240726
13966UKWH00002B/359

9 782012 875470